U0129256

先秦法家集權思想的形成與影響

黃 紹 梅 著

文 史 哲 學 集 成
文史哲出版社印行

國家圖書館出版品預行編目資料

先秦法家集權思想的形成與影響 / 黃紹梅著. --
初版.-- 臺北市：文史哲，民 108.01
頁；　公分（文史哲學集成；714）
ISBN 978-986-314-452-6（平裝）

1.法家

121.6　　　　　　　　　　　　108001158

文史哲學集成　714

先秦法家集權思想的
形成與影響

著　　者：黃　　　紹　　　梅
出　版　者：文　史　哲　出　版　社
　　　　　　http://www.lapen.com.tw
　　　　　　e-mail：lapen@ms74.hinet.net
登記證字號：行政院新聞局版臺業字五三三七號
發　行　人：彭　　　正　　　雄
發　行　所：文　史　哲　出　版　社
印　刷　者：文　史　哲　出　版　社
　　　　　　臺北市羅斯福路一段七十二巷四號
　　　　　　郵政劃撥帳號：一六一八〇一七五
　　　　　　電話886-2-23511028・傳真886-2-23965656

定價新臺幣四〇〇元

二〇一九年（民一〇八）一月初版

著財權所有・侵權者必究
ISBN 978-986-314-452-6　　01714

自 序

　　《先秦法家集權思想的形成與影響》是多年來研讀先秦法家學說的心得，也是博士論文《韓非尊君學說與兩漢政經形勢》的修訂和延伸。本書以嚴謹態度，從理論和實踐二部分探討。理論部分的〈商鞅法治學說的抑民思想〉〈商鞅法治學說的愚民理念〉〈韓非尊君學說的傳承與開展〉共三章，分析法家集權思想的形成，〈漢代邊防政策中的耕戰思想〉〈漢代經濟政策中的強本抑末思想〉〈漢代學術中的陽儒暗法思想〉〈漢代官僚體制的集權思想〉共四章，從《史記》《漢書》《後漢書》等史料，考察漢代政經制度以確立先秦法家學說的影響性，並檢討其實踐過程中的利弊得失。最後〈君主集權對漢代社會的影響〉一章，探討法家集權思想對社會風氣的影響。

　　由於將法家集權思想置於漢代政經教育法制的歷史現象中分析，藉由「以史論子」的方法，可以發現法家信賞必罰、公正嚴明的「法」，因任授官、循名責實的「術」和鞏固君主地位的「勢」，三者間的平衡發展存在困難。所以當三者力量互有消長時，產生的影響是既深且鉅的。

　　自 2007 年大姊悉心照料母親，使我無後顧之憂埋首於研

究和專注於教學工作。2015 年初為人母的喜悅和忙碌，幸有先生的支持和對家庭的付出，育兒的負擔減輕不少。本書能夠順利完成，感謝家人的支持和協助，同時感謝朋友、同事的鼓勵。

黃紹梅 謹序於新北板橋
2019 年 1 月

先秦法家集權思想的
形成與影響

目　　次

影響部分：先秦法家集權思想的落實與影響

第一章　緒　論

第一節　先秦法家「集權」思想的定義

　　本論文探討先秦法家集權思想的形成與影響，首先說明先秦法家「集權」思想的內涵，可就國君在法律、賦稅、郡縣、軍事、學術文化等方面的權力作一理解：

一、公布法的集權：提出公布法，並以法律為最高標準下循名責實，訂立一套公平的官僚體系。

二、田賦的集權：廢除井田制，建立公平的賦稅制度，鼓勵自耕農出現，稅收集中國君手中。

三、軍事的集權：獎勵戰士，建立以斬首為功的升遷制度，以有軍功者統領軍隊，提高戰鬥力。

四、郡縣的集權：建立郡縣制度，破除宗法封建關係，避免重人及當途之人的擴大。

五、學術文化的集權：「以法為教，以吏為師」，禁止儒墨思想的傳播，以鞏固其政權。

　　上述君主集權的模式是逐步完成的，秦孝公時商鞅變法衍然形成君主集權的形勢，韓非曾說：

> 商君教秦孝公以連什伍，設告坐之過，燔詩書而明
> 法令，塞私門之請而遂公家之勞，禁游宦之民而顯
> 耕戰之士。孝公行之，主以尊安，國以富強。[1]
> 古秦之俗，君臣廢法而服私，是以國亂兵弱而主卑。
> 商君說秦孝公以變法易俗而明公道，賞告姦，困末
> 作而利本事，當此之時，秦民習故俗之有罪可以得
> 免，無功可以得尊顯也，故輕犯新法。於是犯之者
> 其誅重而必，告之者其賞厚而信，故姦莫不得而被
> 刑者眾，…遂行商君之法，…是以國治而兵強，地
> 廣而主尊。[2]

上列商鞅治績舉凡變法易俗而明公道、賞告姦、困末
作而利本事、燔詩書而明法令、塞私門之請而遂公家之勞，
以及禁游宦之民而顯耕戰之士等，已為法家君主集權的基
礎。所以朱熹說：「秦之法盡是尊君卑臣之事，所以後世不
肯變之。」[3]

商鞅得秦孝公重用，政治思想得以執行，入秦變法積
極改革，根據《史記・商君列傳》其變法遍及法制、經濟、
軍事以及教育等範疇。[4]韓非則為法家之殿，吸收慎到、申

1 陳奇猷，《韓非子集釋》(台北：漢京文化事業有限公司，1983 年出版)，
　頁 239。文中所引《韓非子》出自此書，以下只註明頁數。
2 《韓非子・姦劫弒臣篇》，頁 247。
3 (宋)黃士毅編，徐時儀、楊艷彙校，《朱子語類彙校》(上海，上海古籍
　出版社，2014 年出版)，卷一三四，〈歷代一〉，頁 3191。
4 《史記・商君列傳》，(漢)司馬遷著，瀧川龜太郎考證，《史記會注考證》
　(台北：漢京文化事業有限公司，1984 年出版)，頁 893-894。文中所引
　《史記》出自此書，以下只註明頁數。

不害及黃老學說的尊君理論，形成完備的尊君學說，「實集前人之大成，其思想中法、術、勢之主要觀念，皆為歷史的產物，孕育長養，至非而達其最後成熟的狀態。」[5]本論文即歸納分析商鞅、韓非學說中形成君主集權的言論及思想。

第二節　以漢代政經學術現象考察 法家集權思想的影響

由於政治思想的完成是「理論」與「應用」並重，所以藉由「以史論子」的方法，選擇漢代政經學術法制等探討先秦法家集權思想落實的情形。

一、先秦法家學說與漢代政治的關係

本文從漢代政治經濟等方面考察法家學說的踐行，至於漢代的政經學術法制等與法家學說是否有關呢？首先檢視漢代政經形勢與法家學說的關聯性，由於影響漢代政經法制學術的因素相當複雜，而當中最關鍵的是統治者的主觀意識形態和具體的典章制度，以下即試從這二部分說明。

---

5 蕭公權，《中國政治思想史》上冊(台北：聯經出版社，1990年出版)，頁227。

（一）從意識形態立論

1、就制定漢代政經制度的統治者而言

漢宣帝曾說：

> 漢家自有制度，本以霸王道雜之，奈何純任德教，
> 用周政乎？且俗儒不達時宜，好是古非今，使人眩
> 於名實，不知所守，何足委任！[6]

上文的「漢家自有制度，本以霸王道雜之」，凸顯出漢高祖至漢宣帝並非純用王道也非純用霸道，也就是除儒家學說外，統治者亦受法家學說的影響。

(1)以文帝為例

《漢書‧儒林傳》記載「孝文本好刑名之言」[7]，《史記‧封禪書》記載新垣平阿諛文帝，以東北有神氣成五采的現象，使文帝立祠廟。又令人獻玉杯，上刻「人主延壽」。於是文帝改元，令天下大酺。而後有人告「新垣平所言氣神事皆詐也。下平吏治，誅夷新垣平。」[8]

此例說明新垣平對文帝之行宜，是「言」與「事」不符，遂施以重刑，以嚴刑要求名實相符，使群臣不得越職。此與法家所主張的「人主將欲禁姦，則審合形名。」[9]的思想相通。

6　《漢書‧元帝紀》，(東漢)班固著，楊家駱主編，《新校本漢書》第四冊
　　(台北：鼎文書局，1986 年出版)，頁 277。文中所引《漢書》出自此書，
　　以下只註明頁數。
7　《漢書‧儒林傳》，頁 3592。
8　《史記‧封禪書》，頁 507。
9　《韓非子‧二柄篇》，頁 111。

(2)以景帝為例：

　　《史記‧袁盎晁錯列傳》記載景帝重用晁錯，行削藩政策，釀成七國之亂。而後景帝殺晁錯，以杜塞諸侯。[10]此事例正說明國君無為於上而臨制臣下，臣則有為以事君，一旦有事則君無罪而臣有罪，即韓非所說：

> 有功則君有其賢，有過則臣任其罪。…臣有其勞，君有其成功，此之謂賢主之經也。[11]

　　(3)以武帝為例：

　　《漢書‧汲黯傳》記載汲黯曾質疑武帝，說武帝是一位「內多欲而外施仁義」的國君，[12]也就是其崇儒是虛而無實。以他的嚴刑重罰態度來看，《漢書》記載：

> 淮南、衡山王遂謀反。膠東、江都王皆知其謀，陰治兵弩，欲以應之。至元朔六年，乃發覺而伏辜，時田蚡已死，不及誅。上思仲舒前言，使仲舒弟子呂步舒持斧鉞治淮南獄，以春秋誼顓斷於外，不請。[13]

　　由上述武帝處理淮南王的案例，可知武帝不顧宗法情誼，而且「所連引與淮南王謀反列侯、二千石、豪傑數千人，皆以罪輕重受誅。」[14]反映武帝的嚴酷。這與法家賞厚

10　《史記‧袁盎晁錯列傳》，頁 1125。
11　《韓非子‧主道篇》，頁 67。
12　《漢書‧汲黯傳》，頁 2317。
13　《漢書‧五行志上》，頁 1333。
14　《漢書‧淮南厲王劉長傳》，頁 2152。

罰重,「誅莫如重,使民畏之。」[15]及「誠有過,則雖近愛必誅。」[16]「刑過不避大臣,賞善不遺匹夫。」[17]之意相合。

(4)以宣帝為例:

根據《漢書‧宣帝紀》記載,宣帝對吏治的改良重點如下:[18]

甲、遣使以問:地節四年下詔書:「朕惟百姓失職不贍,遣使者循行郡國問民所疾苦。」[19]

乙、親聞獄事:地節四年下詔書:「其令郡國歲上繫囚以掠笞若瘐死者所坐名、縣、爵、里,丞相御史課殿罪以聞。」[20]

丙、平反冤獄:五鳳四年下詔書:「舉冤獄,察擅為苛禁深刻不改者。」[21]

丁、刑名相當:黃龍元年下詔書:「今吏或以不禁姦邪為寬大,縱釋有罪為不苛,或以酷惡為賢,皆失其中。…上計簿,具文而已,務為欺謾,以避其課。」[22]

戊、去踰法吏:元康二年詔書:「用法或持巧心,析律貳端,深淺不平,增辭飾非,以成其罪。奏不如實,上亦

---

15 《韓非子‧八經篇》,頁997。
16 《韓非子‧主道篇》,頁69。
17 《韓非子‧有度篇》,頁88。
18 宣帝對吏治改革的分類是檢核《漢書》及參考王曉波說法而成。王曉波,《韓非思想的歷史研究》(台北:聯經出版社,1984年出版),〈漢代陽儒陰法的形成和確立〉,頁294。
19 《漢書‧宣帝紀》,頁252。
20 《漢書‧宣帝紀》,頁253。
21 《漢書‧宣帝紀》,頁268。
22 《漢書‧宣帝紀》,頁273。

亡由知，…越職踰法，以取名譽，…豈不殆哉！」[23]

　　以上措施符合韓非所言「治吏不治民」[24]的任法特色，又甲至戊五個項目與韓非「循名實而定是非」[25]之意相符，是以班固說宣帝「信賞必罰，綜核名實」。[26]

　　至於武帝獨尊儒術後，是否影響統治者對法家學說的重視及運作呢？以下從漢代的吏治現象窺其端倪。董仲舒曾提議官吏由太學中選拔，受儒學薰陶，可發揮「民之師帥」的教化作用。[27]然而，根據《漢書》所載吏治仍以法令為主，如同薛宣所說：

　　　　吏道以法令為師，可問而知。及能與不能，自有資材，何可學也。[28]

　　上述薛宣所說的「吏道以法令為師」一語，反映漢代吏職仍限於執行法令一角色，他本人於成帝時即以明習文法詔補御史中丞。又成帝時瑯邪太守朱博說：

　　　　博尤不愛諸生，所至郡輒罷去議曹，曰：「豈可復置謀曹邪！」文學儒吏時有奏記稱說云云，博見謂曰：「如太守漢吏，奉三尺律令以從事耳，亡奈生所言聖

23　《漢書・宣帝紀》，頁 256。
24　《韓非子・外儲說右下篇》，頁 759。
25　《韓非子・姦劫弒臣篇》，頁 246。
26　《漢書・宣帝紀》，頁 275。
27　董仲舒對策提議建立太學，作為選拔官吏之機構，並建議經學立為學官，以五經作為教科書，確立了儒學的地位。他說：「臣願陛下興太學、置明師，以養天下之士，數考問以盡其材，則英俊宜可得矣。今之郡守、縣令，民之師帥，所使承流而宣化也。故師帥不賢，則主德不宣，恩澤不流。」《漢書・董仲舒傳》，頁 2512。
28　《漢書・薛宣傳》，頁 3397。

> 人道，何也！且持此道歸堯、舜君出，為陳說之」。
> 其折逆人如此。[29]

　　上述朱博拒絕聽取聖人之道，與薛宣所說的「吏道以法令為師」之意相當。吏治以法令為主，說明統治者的教化政策與實際從政的運作是分離的，這代表統治者以儒術緣飾吏事，實際上仍是以法為教。余英時說：

> 禮樂教化如果是出於朝廷的旨意，則朱博何敢如此理直氣壯地拒斥「聖人之道」？⋯這時儒教表面上定於一尊已超過了一個世紀，然而像朱博這樣一個鄙薄儒教的人竟能一帆風順地攀登至官僚系統的頂峰。這一事實也逼使我們不能不重新思考漢廷和儒教之間的微妙關係。[30]

　　《鹽鐵論》爭議更可見漢代吏職之現象。文學說：

> 法能刑人而不能使人廉；能殺人而不能使人仁。⋯所貴良吏者，貴其絕惡於未萌，使之不為非，非貴其拘之囹圄而刑殺之也。今之所謂良吏者，文察則以禍其民，強力則以屬其下；不本法之所由生，而專己之殘心，文誅假法以陷不辜、累無罪，以子及父，以弟及兄，一人有罪，州里驚駭，十家奔亡。[31]

---

29 《漢書・朱博傳》，頁 3400。
30 余英時，《中國思想傳統的現代詮釋》(台北：聯經出版社，1987 年出版)，〈漢代循吏與文化傳播〉，頁 218。
31 《鹽鐵論・申韓篇》，(漢)桓寬著，王利器校注，《鹽鐵論校注》(北京：中華書局，1992 年出版)，頁 580。文中所引《鹽鐵論》出自此書，以下只註明頁數。

　　文中賢良文學列舉二種不同之吏，一是「絕惡於未萌，使之不為非」的官吏，另一種是「文察以禍其民，強力以屬其下」的「今之所謂良吏」。由賢良文學之陳述，說明朝廷雖尊儒，但其觀點仍認為吏的主要功能是奉行法令，並非以禮樂教化作為治民根本。此現象的可能原因有二：一是儒生禮樂教化的一套思想不適合時代需要，二是政治運作本來就是法家專長。按《漢書‧百官公卿表》之記載統計，西漢宰相有五十四人。[32]再根據各人物之本傳記載，可得知其中曾為獄吏或明習文法吏事者有蕭何、曹參、公孫弘、魏相、丙吉、黃霸、于定國、薛宣、翟方進、孔光、朱博等人，可察知統治者對法家學說的重視。

2、就左右漢代政經形勢的大臣言論而言

(1)以賈誼為例：

　　《漢書‧藝文志》列賈誼為儒家，《史記‧太史公自序》將賈誼與晁錯並稱為法家，[33]為漢初重要思想家、政論家。其〈過秦論〉文中將秦朝滅亡原因歸結為「仁義不施而攻守之勢異也」，[34]更具體的說，就是認為秦亡之速在以取天下的方法來治天下，因而提出「禮」作為治理國家的規範。

　　值得注意的是「禮」的內涵已非傳統儒家的思想。他說：

32　《漢書‧百官公卿表》，頁 746-857。

33　《漢書‧藝文志》，頁 1726。《史記‧太史公自序》：「賈生、晁錯明申、商」，頁 1379。

34　《新書‧過秦上》，(漢)賈誼著，閻振益、鍾夏校注，《新書校注》(北京：中華書局，2000 年出版)，頁 3。

> 人主之尊譬如堂，群臣如陛，眾庶如地。…高者難攀，
> 卑者亦陵，理勢然也。故古者聖王，制為等列。內有
> 公卿大夫士，外有公侯伯子男。然候有官師小吏，延
> 及庶人，等級分明，而天子加焉，故其尊不可及
> 也。[35]

　　賈誼所持的禮嚴格區分統治者與被統治者的界限，有
明顯的尊卑貴賤之別。這種禮，事實上是為了方便國君的
集權，也就是為鞏固君「勢」而提出的。他曾上書文帝陳
政事說：

> 欲天下之治安，莫若眾建諸侯而少其力。力少則易使
> 以義，國小則亡邪心。[36]

　　上述「眾建諸侯」以「少其力」，其意是眾建諸侯使諸
侯勢力削弱而國小，即是鞏固天子之「勢」，與韓非所主張
的鞏固人為之勢相當。韓非曾說：

> 國者君之車也，勢者君之馬也。夫不處勢以禁誅擅愛
> 之臣，而必德厚以與天下齊行以爭民，是皆不乘君之
> 車，不因馬之利，捨車而下走者也。[37]

　　「勢」是君主勢位，上文韓非強調人因利之勢而活動，
君主治理國家需乘其勢，君主失勢將受臣民的制約。顯然
賈誼思想與韓非重勢的思想有相通之處。

　　(2)以公孫弘為例：

35　《漢書・賈誼傳》，頁 2254。

36　《漢書・賈誼傳》，頁 2237。

37　《韓非子・外儲說右上篇》，頁 717。

公孫弘封國為相，影響實際政治。他在武帝元光五年有置學官之議。考察其所上對策說：

> 致利除害，兼愛無私，謂之仁；明是非，立可否，謂之義；進退有度，尊卑有分，謂之禮；擅殺生之柄，通壅塞之塗，權輕重之數，論得失之道，使遠近情偽必見於上，謂之術；凡此四者，治之本，道之用也。[38]

按其所說置學官對策是主張仁、義、禮、術四者並用。其中「兼愛無私，謂之仁」的說法與法家並不衝突，其意與韓非：「夫立法令者，所以廢私也；法令行而私道廢矣。」[39]相當，又「明是非，立可否」與韓非「明主使其群臣，不遊意於法之外，不為惠於法之內，動無非法。」[40]之意相符，「進退有度」與韓非所說的「治不踰官」[41]內涵相似，「擅殺生之柄」正是韓非所說的「賞罰者，…君操之以制臣，臣得之以壅主。」[42]之意，「通壅塞之塗」與韓非所說的「偵知五壅」相當。[43]

此外，公孫弘拜為博士後，又上書武帝改變吏治，敦厚民俗。他說：

> 夫虎豹馬牛，禽獸之不可制者也，及其教馴服習之，

38　《漢書・公孫弘傳》，頁 2616。
39　《韓非子・詭使篇》，頁 946。
40　《韓非子・有度篇》，頁 88。
41　《韓非子・定法篇》，頁 907。
42　《韓非子・內儲說下篇》，頁 577
43　《韓非子・主道篇》，頁 68。

至可牽持駕服，唯人之從。[44]

公孫弘敦請武帝速施教化，可是卻以虎豹馬牛比作吏民，抬高國君地位。此固然是他曲學阿上的表現，但是其所表現的君臣關係是典型的君臣絕對關係，與韓非學說相契合。所以班固說他「習文法吏事，而緣飾以儒術。」[45]

(3)以董仲舒為例：

董仲舒為群儒之首，其賢良對策中有「興太學、設庠序」的儒家之言，但是君臣觀念與韓非相近。他說：

天為君而覆露之，地為臣而持載之；陽為夫而生之，陰為婦而助之；春為父而生之，夏為子而養之。王道之三綱可求於天。[46]

這就是韓非所說的：

臣事君，子事父，妻事夫，三者順則天下治，三者逆則天下亂，此天下之常道也，明王賢臣而弗易也。[47]

二人所論以君父夫為主、以臣子妻為從的言論和觀念相符。董仲舒又說：

是故《春秋》君不名惡，臣不名善，善皆歸於君，惡皆歸於臣。臣之義，比於地，故為人臣者，視地之事天也。[48]

---

44 《漢書・公孫弘傳》，頁 2618。
45 《漢書・公孫弘傳》，頁 2618。
46 《春秋繁露・基義》，(漢)董仲舒著，蘇輿義證，《春秋繁露義證》（北京：中華書局，1992 年），頁 351。
47 《韓非子・忠孝篇》，頁 1107-1108。
48 《春秋繁露・陽尊陰卑》，同註 46，頁 325-326。

上文中將君主權力置於至高無上地位，這與韓非所主張的：「臣有其勞，君有其成功。」及「有功則君有其賢，有過則臣任其罪。」[49]之意相當。所以班固說：「孝武之世，…唯江都相董仲舒、內史公孫弘、兒寬，居官可紀。三人皆儒者，通於世務，明習文法，以經術潤飾吏事，天子器之。」[50]

(4)以昭帝始元六年鹽鐵之議的御史大夫為例

根據《鹽鐵論‧雜論篇》列舉出席之代表人物有「賢良茂陵唐生，文學魯國萬生之倫，六十餘人」，御史大夫代表為桑弘羊。[51]御史大夫多持法家論點，於〈刑德〉、〈申韓〉兩篇即辯論了韓非思想。[52]並有多處引用韓非言論。[53]不論賢良文學及御史大夫贊成或反對韓非學說，基本上已對韓非學說有廣泛理解，才能作深入辯論。所以此次辯論已反映了時人對韓非學說的普遍認識。

由上述可得知《韓非子》一書在漢代流傳普遍，並為

---

49 《韓非子‧主道篇》，頁 67。
50 《漢書‧循吏傳》，頁 3623-3624。
51 《鹽鐵論‧雜論篇》，頁 613。
52 郭沫若說：「賢良文學以儒家思想為武器，…桑弘羊和他的下屬們基本上是站在法家的立場，議論都從現實出發，平時也很尖銳批評儒家和孔子。因此，這一次會議，事實上是一場思想上的大鬥爭。」徐復觀，《兩漢思想史》，(台北：學生書局，1990 年出版)，頁 190。
53 例如《鹽鐵論‧刑德篇》：「御史曰：『執法者國之轡銜，刑罰者國之維檠也。…韓子曰：『疾有固(國)者，不能明其法勢，御其臣下，富國強兵，以制敵禦難，惑於愚儒之文詞，以疑賢士之謀，舉浮淫之蠹，加之功賞之上，而欲國之治，猶釋階而欲登高，無銜橛而禦捍馬也。』今刑法設 備而民犯之，況無法？其亂必也！』文學反駁說：『韓非非先王而不遵，舍正令而不從，舉陷阱，身幽囚，客死於秦。』」頁 567-568。

統治者、學者所認知，甚至力圖仿效或反對。可推測出時人對韓非學說「接受」程度已十分普及。[54]

(二)從典章制度的來源立論

秦制的完成李斯是實際的策劃者，李斯是韓非的同學，於秦國官至丞相。其中央集權的主張與韓非學說相同，不同者是韓非為理論家，李斯是實踐者。以下說明漢代政經制度承自秦制，以及漢制與韓非學說相通之處。

1、以律法為例：

史書記載，自秦始皇「一法度衡石丈尺，車同軌，書同文字。」[55]「明法度，定律令，皆以始皇起。」[56]至於漢初九章律與秦法是否有關呢？據《漢書》記載：

> 及高祖起為沛公，何嘗為丞督事。沛公至咸陽，諸將皆爭走金帛財物之府分之，何獨先入收秦丞相御史律令圖書臧之。沛公具知天下阸塞，戶口多少，彊弱處，民所疾苦者，以何得秦圖書也。[57]

上述記載蕭何曾收秦律令圖書的記載，這是漢初蕭何

54　《史記‧老子韓非列傳》：韓非「作〈孤憤〉、〈五蠹〉、〈內外儲〉、〈說林〉、〈說難〉…十餘萬言。…申子、韓子，皆著書傳於後世，學者多有。」頁 856 及頁 860。按此資料，當時《韓非子》有十餘萬言，《韓非子》一書應已編成。又言「學者多有」，可推測當時流傳十分廣泛，為人所熟知。陳奇猷、張覺，《韓非子導讀》，(成都：巴蜀書社，1990年出版)，頁 32。

55　《史記‧秦始皇本紀》，頁 118。

56　《史記‧李斯列傳》，頁 1037。

57　《漢書‧蕭何傳》，頁 2006。

制定九章律襲秦而來的重要線索。

根據程樹德《九朝律考》之〈漢律考〉，漢律令有律、令、科、比四種形式。[58]

(1)「律」是漢代法律的主要形式。漢以律命名之綜合性法典，有下列幾部：

《九章律》：共有九篇：盜律、賊律、囚律、捕律、雜律、具律、興律、廄律、戶律。為蕭何受劉邦之命，「攗摭秦法，取其宜於時者，作律九章。」[59]

《傍章律》：叔孫通制定，共十八篇。《晉書》言：「叔孫通益律所不及，傍章十八篇。」[60]其篇目名稱已不可考，據《漢書》記載：「今叔孫通所撰禮儀與律令同錄，臧於理官，……今學者不能昭見，……故君臣長幼交接之道寖以不章。」[61]因其與律令同錄，「益律所不及」，可推知是有關禮儀制度之儀法。

《越宮律》：由張湯制定，共二十七篇，[62]篇目名稱已無從考查。據沈家本考證，有「闌入宮殿門」、「闌入甘泉上林」、「無引籍入宮司馬殿門」以及「犯蹕」等法條，[63]乃

58 程樹德，《九朝律考》(台北：商務印書館，2011 年出版)，卷一，〈漢律考一・律名考〉。

59 《漢書・刑法志》，頁 1096。

60 《晉書・刑法志》，(唐)房玄齡等著，楊家駱主編，《新校本晉書》(台北：鼎文書局，1980 年出版)，頁 922。

61 《漢書・禮樂志》，1035。

62 《晉書・刑法志》，同注 60，頁 922。

63 沈家本，《歷代刑法考》(上海：上海古籍出版社，2002 年出版)，〈漢律攗遺〉卷十六，頁 706-707。

有關宮廷護衛之法律。

《朝律》：由趙禹制定，共六篇，[64]篇目已無存。

此外，見於文獻者又有以律命名之單行法規，如〈尉律〉、〈酎金律〉、〈上計律〉、〈錢律〉、〈左官律〉、〈大樂律〉、〈田律〉、〈田租稅律〉、〈尚方律〉、〈挾書律〉。[65]

(2)「令」為律之補充，乃國君更改法律之重要法寶。[66]令所涉及之範圍廣泛，今所知之篇目有〈令甲〉、〈令乙〉、〈令丙〉、〈功令〉、〈金布令〉、〈宮衛令〉、〈秩祿令〉、〈品令〉、〈祠令〉、〈祀令〉、〈齋令〉、〈公令〉、〈獄令〉、〈篚令〉、〈小令〉、〈田令〉、〈馬復令〉、〈胎養令〉、〈養老令〉、〈任子令〉、〈緡錢令〉、〈廷尉挈令〉、〈光祿挈令〉、〈樂浪挈令〉，數量亦多。成帝時律令繁多已達百萬餘言，[67]令甲以下即有三百餘篇。[68]

(3)「科」據顏師古《後漢書》注說明「科謂事條」[69]及《釋名》記載「科，課也。課其不如法者罪責之也。」[70]科有依法論罪科刑之意，數量繁多，所以說「憲令稍增，科條無限。」[71]

64　《晉書・刑法志》，同注 60，頁 922。
65　同注 58。
66　《史記・酷吏列傳・杜周傳》載：「前主所是著為律，後主所是疏為令。」頁 1303。
67　《漢書・刑法志》，頁 1103。
68　《晉書・刑法志》，同注 60，頁 922。
69　《後漢書・桓譚傳》，頁 959。
70　(東漢)劉熙撰、(清)畢沅疏證、王先謙補《釋名疏證補》(北京：中華書局，2008 年出版)，卷第六〈釋典藝〉第二十，頁 216。
71　《後漢書・陳寵傳》，頁 1554。

(4)「比」,《周禮》注疏記載:「今律其有斷事皆依舊事斷之,其無,條取比類以決之,故云決事比也。」[72]說明此乃經朝廷批准,具有法律效力之斷案成例。《漢書》載武帝時「死罪決事比萬三千四百七十二事」[73],運用十分普遍。

上述漢律令與韓非學說相通者可歸納為三點:

(1)「令」為律之補充,由國君增修。換言之,漢代國君掌握制定、增刪等修改法令及決定賞罰之權,[74]與韓非主張立法權原自國君「無慶賞之勸,刑罰之威,釋勢委法,使堯舜戶說而人辯之,不能治三家。」[75]「賞罰者,邦之利器也。在君則制臣,在臣則勝君。」[76]認為「賞罰下共則威

---

72 《周禮·秋官大司寇》卷第三十四,(漢)鄭玄注,(唐)賈公彥疏,《周禮注疏》,《十三經注疏》(台北:藝文印書館,1985 年出版),第三冊,頁 518。

73 《漢書·刑法志》,頁 1101。

74 《漢書·酷吏傳·趙禹》記載:「武帝時,禹以刀筆吏積勞,遷為御史。上以為能,至中大夫與張湯論定律令,作見知,吏傳相監司以法,盡自此始。」頁 3651。
上述武帝令張湯、趙禹修改律令。張湯制定〈越官律〉二十七篇,趙禹作〈朝律〉六篇。武帝修改律令後之現象,據《漢書·刑法志》記載:「律令凡三百五十九章,大辟四百九條,千八百八十二事,死罪決事比萬三千四百七十二事。文書盈於几閣,典者不能遍睹。是以郡國承用者駮,或罪同而論異。奸吏因緣為市,所欲活則傅生議,所欲陷則予死比,議者咸冤傷之。」漢律經此修改後,條目更加增多,內容亦更加龐雜。迄於成帝,漢律已發展為「大辟之刑千有餘條,律令煩多,百有餘萬言,奇請它比,日益以滋,自明習者不知所由。」成帝遂「與中二千石、二千石、博士及明習律令者議減死刑及可蠲除約省者。」頁 1101-1103。

75 《韓非子·難勢篇》,頁 888-889。

76 《韓非子·喻老篇》,頁 392。

分」，[77]國君宜掌握法令才足以鞏固權威的思想相通。

(2)漢律條目詳細明白，且內容涉及範圍寬廣，與韓非所說的：「書約而弟子辯，法省而民訟簡。是以聖人之書必著論，明主之法必詳事。」[78]的觀點相似。

(3)漢律條目繁多，班固曾感慨的說：「今郡國被刑而死者歲以萬數，天下獄二千餘所。」[79]人民受刑法之威脅可想而知。這與韓非所說的：「夫嚴刑重罰者，民之所惡也，而國之所以治也；哀憐百姓，輕刑罰者，民之所喜也，而國之所以危也。」[80]「誅莫如重，使民畏之。毀莫如惡，使民恥之。」[81]嚴刑峻法的觀念相通。重罰的目的無非欲以刑去刑，韓非曾比喻說：「十仞之城，樓季弗能踰者，峭也。千仞之山，跛牂易牧者，夷也。故明主峭其法而嚴其刑也。」[82]漢興律法多承襲秦制，受韓非影響而刑重繁多。

2、以考核制度為例

漢代考課有上計制度，此制度應多承自秦制。因為漢初以張蒼掌計簿，主管郡、國上計，而張蒼與秦國有關，《漢書》記載：

> 遷為計相。…是時蕭何為相國，而蒼乃自秦時為柱下御史，明習天下圖書計籍，…故令蒼以列侯居相府，

77　《韓非子‧八經篇》，頁 996。
78　《韓非子‧八說篇》，頁 977。
79　《漢書‧刑法志》，頁 1109。
80　《韓非子‧姦劫弒臣篇》，頁 248。
81　《韓非子‧八經篇》，頁 997。
82　《韓非子‧五蠹篇》，頁 1052。

領主郡國上計者。[83]

所謂「秦時為柱下御史」，據顏師古注曰：「秦時為柱下御史，明習天下圖書計籍。」[84]張蒼於秦時作柱下御史的官，漢初張蒼掌計簿，主管郡、國上計，所以漢代上計自然多延襲秦制。

漢代上計制度的實行內容，據《後漢書》記載：

> 凡郡國皆掌治民，進賢勸功，決訟檢姦。常以春行所主縣，勸民農桑，振救乏絕。秋冬遣無害吏案訊諸囚，平其罪法，論課殿最。歲盡遣吏上計。[85]

郡下之縣令、縣長，「皆掌治民，⋯秋冬集課，上計於所屬郡國。」[86]再由郡上計於朝廷。縣道上其集簿，由郡國予以考課，「秋冬歲盡，各計縣戶口、墾田、錢穀入出、盜賊多少，上其集簿。丞尉以下歲詣郡，課校其功。功多尤為最者，於庭尉勞勉之，以勸其後。負多尤為殿者，於後曹別責，以糾怠慢也。諸對辭窮尤困，收主者掾吏，關白太守，使取法丞尉縛責，以明下轉相督敕，為民除害也。」[87]

藉上計考核官吏，其考課範圍甚廣。[88]舉凡租稅收入、

83　《漢書・張蒼傳》，頁 2094。

84　《漢書・張蒼傳》顏師古注，頁 2093。

85　《後漢書・百官志五》，頁 3621。

86　《後漢書・百官志五》，頁 3622-3623。

87　《後漢書・百官志五》，胡廣注，頁 3623。

88　《漢書》記載：「(兒寬為左內史)後有軍發，左內史以負租課殿，當免。民聞當免，皆恐失之，⋯輸租繦屬不絕，課更以最。」(〈兒寬傳〉，頁 2630。)「(黃霸為潁川太守)以外寬內明得吏民心，戶口歲增，治為

戶口增減、盜賊、治獄、農桑及災害賑濟等，多列入檢核。
再根據考課評定之等第進行獎懲。使功與賞相當，官吏盡
能為國效勞。這與韓非「形名參同」的思想吻合。他說：

> 為人臣者陳而言，君以其言授之事，專以其事責其
> 功。功當其事，事當其言，則賞；功不當其事，事不
> 當其言，則罰。[89]

換言之，「功當其事，事當其言」宜有賞，反之，則有
罰。透過考核可達到韓非所說的「官職所以任賢也，爵祿
所以賞功也。」[90]的目的，及「賢者敕其材，君因而任之」
[91]的理想。

3、以禮儀為例：

叔孫通為漢制定朝儀，他說：

> 五帝異樂，三王不同禮。禮者，因時世人情為之節文
> 者也。故夏殷、周禮所因損益可知也，謂不相復也。
> 臣願頗采禮與秦儀雜就之。[92]

所以司馬遷指出：「至秦有天下，悉納六國禮儀，采擇
其善，雖不合聖制，其尊君抑臣，朝廷濟，依古以來。至
於高祖，光有四海，叔孫通頗有所增益減損，大抵皆襲秦

天下第一。」（〈循吏傳‧黃霸〉，頁 3631。）「在東郡三歲，令行禁
止，斷獄大減，為天下最。」（〈韓延壽傳〉，頁 3212。）「天水太守
陳立，勸民農桑，為天下最。」（〈西南夷傳〉，頁 3845。）「(補上黨
郡中令)縣無逋事，舉第一。」（〈酷吏傳‧義縱〉，頁 3653。）

89 《韓非子‧二柄篇》，頁 111。
90 《韓非子‧難二篇》，頁 830。
91 《韓非子‧主道篇》，頁 67。
92 《史記‧劉敬叔孫通列傳》，頁 1114。

故。」[93]叔孫通所制定之朝儀乃襲秦法而來。

　　叔孫通制定朝儀之原委，根據太史公記載發生於漢五年(西元前二〇二年)劉邦「已并天下，諸侯共尊漢王為皇帝於定陶。」「群臣飲酒爭功，醉或妄呼，拔劍擊柱。」[94]毫無禮數，叔孫通徵集魯諸生三十餘人與其弟子百餘人為漢制禮儀。其後：

> 自諸侯王以下，莫不振恐肅敬。…無敢喧嘩失禮者，
> 於是高帝曰：吾迺今日知為皇帝之貴也。[95]

　　由「自諸侯王以下，莫不振恐肅敬」及高帝所說「吾乃今日知為皇帝之貴也」，可推測君臣關係已由封建時代之相對性轉變成主僕之絕對性。朱熹即認為叔孫通為漢訂朝儀目的在「尊君卑臣」，他說：

> 叔孫通為綿絕之儀其效至於群臣震恐，無敢失禮者。
> 比之三代燕京，群臣氣象，便大不同。蓋只是秦人尊
> 君卑臣之法。[96]

　　叔孫通所制訂之朝儀乃襲秦法而來，秦法的本質不脫法家尊君卑臣的觀點。韓非曾說：

> 臣事君，子事父，妻事夫，三者順則天下治，三者違
> 則天下亂，此天下之常道。[97]

　　可知儒家親親尊尊觀念與法家可以溝通，而法家的階

---

93 《史記·禮書》，頁 423。
94 《史記·劉敬叔孫通列傳》，頁 1114。
95 《史記·劉敬叔孫通列傳》，頁 1115。
96 《朱子語類》卷一三五，同註 3，頁 3196。
97 《韓非子·忠孝篇》，頁 1107-1108。

級觀念則更加強烈。叔孫通制定「自諸侯王以下莫不振恐肅敬」之朝儀，表面上是振興循序依讓之禮節，實質上又與法家尊君卑臣思想暗合，藉此鞏固統治者地位。

4、以官制為例

漢代中央官制自天子以下有「三公九卿」之稱。「三公」為丞相、太尉和御史大夫，為秦時官制。丞相「掌丞天子助理萬機」，太尉「掌武事」，御史大夫「掌圖籍秘書，外督部刺史，內領侍御史員十五人，受公卿奏事，舉劾按章。」[98]「九卿」為奉常、郎中令、衛尉、太僕、廷尉、典客、宗正、治粟內史及少府，皆秦時官制，唯名稱或有更動。[99]

以下從漢代官制的監察體系為例，說明與韓非學說相通之處。漢代監察機構之組織以御史大夫為首，御史中丞副之，監察內官者有侍御史十五人，監察外官者有部刺史十三人。[100]武帝時監察組織又有增加，御史之外，尚有司直與司隸校尉。[101]其職務各有專司，「御史大夫位次丞相，典正法度，以職相參，總領百官，上下相監臨。」[102]乃審

98　《漢書・百官公卿表上》，頁 724-725。

99　《漢書・百官公卿表上》，頁 726。

100　《漢書・百官公卿表上》記載：「御史大夫秦官，位上卿，銀印青綬，掌副丞相。有兩丞，秩千石。一曰中丞，在殿中蘭臺，掌圖籍秘書，外督部刺史，內領侍御史，員十五人，受公卿奏事，舉劾按章。」頁 725。

101　《漢書・百官公卿表上》：「武帝元狩五年初置司直，秩比二千石，掌佐丞相舉不法。」頁 725。「司隸校尉周官，武帝征和四年初置，持節從中都官徒千二百人，捕巫蠱，督大姦猾，後罷其兵，察三輔三河弘農，元帝初元四年去節。」頁 737。

102　《漢書・朱博傳》，頁 3405。

察百官及政令是否合法。御史中丞職權亦重，一則督察州刺史，再則可糾察百僚。侍御史之職權則主在「察舉非法，…有違失舉劾之。」[103]甚至可彈劾大司馬大將軍[104]。基本上，御史本質重在舉非，而非舉善，並透過舉非而不敢為非。十三部刺史以糾彈地方主管長官為主要任務，[105]二千石以下之官由郡國守相考課。各郡國設有督郵，監督所屬縣之官吏。[106]司直位於司隸之上，[107]司直「掌佐丞相舉不法」，[108]所以又得監察內外群臣，其職似與御史中丞相當。[109]「司隸校尉以督察公卿以下為職」。[110]縱是丞相與御史大夫，司隸校尉亦得彈劾，其權任之重，可令公卿貴戚震懼。[111]

103　《後漢書・百官志三》，頁 3599。

104　例如《漢書・嚴延年傳》記載：嚴延年「舉侍御史，是時大將軍霍光廢昌邑王，尊立宣帝。宣帝初即位，延年劾奏光擅廢立，亡人臣禮，不道。奏雖寢，然朝廷肅焉敬憚。」頁 3667。

105　武帝元封五年(西元前一○六年)置十三部刺史。刺史專察郡國二千石之官(太守、都尉)，不干涉縣令、縣長以下之官吏。《陔餘叢考・監司官非刺史》載：「漢刺史專察二千石長吏，而丞尉以下則二千石所察，刺史不與焉。朱博傳，博為冀州刺史，吏民遮道訴事，博下令曰：『欲言縣丞尉者，刺史不察黃綬，各自詣郡。…』是漢刺史不察丞尉。」(清)趙翼著、曹光甫校點，《陔餘叢考》(上海：上海古籍出版社，2011 年出版)，卷二十六〈監司官非刺史〉，頁 493。

106　《後漢書・百官志五》載：「(郡國)其監屬縣，有五部督郵曹掾一人。」頁 3621。

107　《漢書・翟方進傳》載：「司隸校尉位在司直下……翟方進為司直，旬歲間，免兩司隸，由是朝廷憚之。」頁 3414-3415。

108　《漢書・百官公卿表》，頁 725。

109　如《漢書・鮑宣傳》載：「鮑宣遷豫州牧，歲餘丞相司直郭欽奏舉錯煩苛，代二千石署吏聽訟，所察過詔條，…宣坐免歸家。」頁 3086。

110　《漢書・翟方進傳》，頁 3413。

111　如《漢書》載：「司隸校尉王尊劾奏衡(丞相匡衡)譚(御史大夫張譚)…阿諛曲從，附下罔上，無大臣輔政之義。」(〈匡衡傳〉，頁 3344。)

　　上述漢代官制中之監察組織與韓非學說相通者可歸納
為三點：

　　(1)國君管理全國上下人事，一人之力實難勝任，自然
要用人任職。因此人君要有一套監　督臣下的御臣之術。漢
代之監察組織其方式就在眾端參驗，監察權不專由某一機
關行使，透過御史大夫、刺史、司直、司隸校尉等不同官
職，發揮互相監督之效。職責分明的官僚體系與韓非所說
「群臣不得朋黨相為」[112]之意相當。其作用是皇帝位居皇
宮，設置御史大夫、中丞等糾察中央百官，刺史、司隸校
尉則代表皇帝巡視地方，以充耳目，使下情上達，加強皇
權對官僚體系的控制，與韓非所說的「明主者，使天下不
得不為己視，天下不得不為己聽，故身在深宮之中而明照
四海之內。」[113]之意相當。達到「明君無為於上，群臣竦
懼乎下」[114]的效果，為加強君權之有力措施。

　　(2)御史大夫、刺史、司直、司隸校尉可監察丞相、公
卿、守相等權貴，與韓非所說的「明君之道，賤得議貴，
下必坐上，決誠以參，聽無門戶，故智者不得詐欺。」[115]之

　　「司隸校尉涓勳奏言…丞相宣(薛宣)…甚詆逆順之理，…專權作威。」
（〈翟方進傳〉，頁 3413。）「王章為司隸校尉，大臣貴戚敬憚之。」
（〈王章傳〉，頁 3238。）蓋寬饒「擢為司隸校尉，刺舉無所回避。…
公卿貴戚及郡國吏縣使至長安，皆恐懼，莫敢犯禁。」（〈蓋寬饒傳〉，
頁 3244。）
112　《韓非子・二柄篇》，頁 112。
113　《韓非子・姦劫弒臣篇》，頁 247。
114　《韓非子・主道篇》，頁 67。
115　《韓非子・八說篇》，頁 973。

意相當。

　　(3)十三部刺史所得監察者以詔書六條為限，[116]其中一條察強宗豪右，其餘五條皆察二千石。[117]所以詔書六條大抵多與郡國守相之失職違法相關，反映了漢武帝設置刺史的目的在於監督郡守以上的高官及其子弟是否奉公守法，特別是嚴防郡守與地方勢力勾結，而破壞中央集權體制。刺史的設置正發揮韓非所說的「有術而御之，身坐於廟堂之上，有處女子之色，無害於治。」[118]刺史所察出詔條之外者，則受嚴厲的處分。[119]與韓非所說的「治不踰官」[120]「不得越官而有功」[121]之意相當。

116　《漢書・百官公卿表》顏師古注:「刺史班宣，周行郡國，省察治狀，
　　黜陟能否，斷治冤獄，以六條問事，非條所問者，即不省。一條、
　　強宗豪右，田宅踰制，以強凌弱，以眾暴寡。二條、二千石不奉詔
　　書，遵承典制，倍公向私，旁詔守利，侵漁百姓，聚斂為姦。三條、
　　二千石不恤疑獄，風厲殺人，怒則任刑，喜則淫賞，煩擾苛暴，剝
　　截黎元，為百姓所疾，山崩石裂，妖祥訛言。四條、二千石選署不
　　平，苟阿所愛，蔽賢寵頑。五條、二千石子弟恃怙榮勢，請託所監。
　六條、二千石違公下比，阿附豪強，通行賄賂，割損政令也。」頁742。
117　《漢書・百官公卿表上》顏師古注，頁742。
118　《韓非子・外儲說左上篇》，頁622。
119　《漢書・鮑宣傳》記載:「鮑宣為豫州牧，歲餘，丞相司直郭欽奏宣
　　舉錯煩苛，代兩千石署吏聽訟，所察過詔條……宣坐免歸家。」頁
　　3086。顧炎武說:「漢時部刺史之職不過比六條察郡國而已，不當與
　　守令事。……鮑宣為豫州牧以聽訟所察過詔條，被劾。而薛宣上疏
　　言，吏多苛政，政教煩碎，大率咎在部刺史，或不循守條職，舉錯
　　各以其意，多與郡縣事。翟方進傳言，遷朔方刺史，居官不煩苛，
　　所察應條輒舉。自刺史之職下侵，而守令始不可為，天下事猶治絲
　　而之矣。顧炎武，《日知錄》(台北:商務印書館，1978年出版)，卷
　　九〈六條之外不察〉，頁10。
120　《韓非子・定法篇》，頁907。
121　《韓非子・二柄篇》，頁112。

二、漢代暗行法家學說的原因在「尊君集權」

　　儒法二家均有尊君理念，司馬談即用「序君臣父子之禮，列夫婦長幼之別」[122]來表達儒家特質，但儒法二家尊君的程度不同。先秦儒家所持者乃「以道事君」之出仕原則，其所認同之君臣關係乃相對性而非絕對性，所謂「君使臣以禮，臣事君以忠。」[123]臣下服從君主前提為君禮而臣忠。然而，國君無德則勢位反成為德化阻力。若君不君，孔子採取「犯上」「離去」態度，實踐其「以道事君，不可則止」之原則。[124]君臣相對關係至孟子更加確立，在尊重民意前提下，認為君不賢則諫則爭，諫而不聽，異姓之臣可棄君而去之，貴戚之臣可易君位，對於昏君、暴君，甚至可以放逐，可以誅伐，不必負道德責任。是認定民心向背為政權轉移基礎。本民貴之旨，臣子為人民公僕並非國君專屬。臣「以道事君」，君臣各有尊貴，他說：

> 君之視臣如手足，則臣視君如腹心；君之視臣如犬馬，則臣視君如國人；君之視臣如土芥，則臣視君如寇讎。[125]

122　《史記・太史公自序》，頁 1367。
123　《論語・八佾》，(魏)何晏注，(宋)邢昺疏，《論語注疏》，《十三經注疏》(台北：藝文印書館，1985 年出版)，第八冊，頁 30。文中所引《論語》出自此書，以下只註明頁數。
124　《論語・先進》，頁 100。
125　《孟子・離婁下》，(漢)趙岐注，(宋)孫奭疏，《孟子注疏》，《十三經

上文乃君臣倫理相對觀之最好說明，君臣地位並不懸隔，各種身份皆有定位、本份，對待以禮規範。

至於法家對忠臣定義是：

> 人臣毋稱堯舜之賢，毋譽湯武之伐，毋言烈士之高，盡力守法，專心於事主為忠臣。[126]

對賢臣定義是：

> 能明法辟，治官職，以戴其君者也。[127]
> 以其主為高天泰山之尊，而以其身為壑谷鬴洧之卑。主有明名廣譽於國，而身受壑谷鬴洧之卑。[128]

上述法家理想的君臣關係是順從、竭力為上，君主得美名而身受卑名，奉其主若高天泰山之尊，賤己身若壑谷鬴洧之卑。這種人君地位絕對化的學說，適合秦統一以來中央集權君主專制制度的需要。因此，漢代統治者接受並暗行法家學說，其中的意義如余英時所論：

> 所謂儒學法家化，其意義不是單純地指儒學日益肯定刑法在維持社會秩序方面的作用。遠在先秦時代，荀子〈王制〉和〈正論〉兩篇，已給刑法在儒家的政治系統中安排了相當重要的位置。漢代儒學的法家化，其最具特色的表現乃在於君臣觀念的根本改變。漢儒拋棄了孟子的君輕論，荀子的「從道不從君論」，而

注疏》(台北：藝文印書館，1985 年出版)，第八冊，頁 142。文中所引《孟子》出自此書，以下只註明頁數。
126 《韓非子・忠孝篇》，頁 1109。
127 《韓非子・忠孝篇》，頁 1107。
128 《韓非子・說疑篇》，頁 918。

代之以法家的「尊君卑臣」論。[129]

　　換言之,「儒學法家化」不僅單純指漢代儒者日益肯定刑法功能,結合倫理道德與法律刑罰,其重點更在確立尊主的合理性,將大一統帝王權力推向高峰。可以說:「君雖由貴賤社會中解放出來取得超然的地位,結果仍落為主觀狀況的客觀地位,成了沒有限制的絕對體這樣就形成了君主專制政體。」[130]且影響深遠,如顧炎武所說:「漢興以來,承用秦法,以至今日者多矣」,[131]夏曾佑亦言:「自秦以來雖百王代興,時有改革,然觀其大意,不甚懸殊。」[132]

---

129 余英時,《歷史與思想》(台北:聯經出版社,1976 年出版),頁 32。
130 牟宗三,《中國哲學十九講》(台北:學生書局,1983 年出版),〈法家所開出政治格局之意義〉,頁 185。
131 顧炎武,《日知錄》(台北:商務印書館,1978 年出版),卷十三〈秦紀會稽山刻石條〉,頁 39。
132 夏曾佑,《中國古代史》(台北:商務印書館,1963 年出版),第二篇第一章,頁 225。

第二章　商鞅法治學說的抑民思想

第一節　前　言

　　商鞅提出任法學說，是中國提倡法治觀念的先驅，並且在政治實效上有極高評價。然而在戰國紛亂局勢的前提下，「緣法而治」的特色多是主權者下達命令強制人民遵守，以達到富國強兵、鞏固君權的實效。所以商鞅任法目的，可說是國家與君主不分。任法往往導致了君權獨大，法律反成為有助於君主專制的工具。這種君本法末的主從關係與今日法制觀念截然不同，此實為商鞅法治學說的盲點。

　　商鞅論著《商君書》《漢書・藝文志》列為法家要籍。《韓非子》言：「今境內之民皆言治，藏商、管之法者家有之。」[1]不難想見《商君書》於秦皇統一六國前勝極一時之概況。商鞅是重法派法家代表，朱師轍說：

> 而鞅之言曰，有道之國，治不聽君，民不從官，蓋其立法之旨，實君民同納於軌物，上下胥以法律為衡，

1　《韓非子・五蠹篇》，頁 1066。

　　　　非獨官吏弗能行其私，人主弗能肆其志。[2]

　　上文說明商鞅「緣法而治」的理想是全國上下依法而治。不過，由於先秦時代的法主導權在國君下達命令，強制人民遵守，違者即承擔義務責任，往往誤以為國君獨立於法之上，而形成尊君抑民現象。所以胡樸安說：「以此之故，所以務在嚴刑以臨民。此固由於商君天資之刻薄，亦學說之結果必至於如是也。特是國家與君主不分，刑罰太峻，君權必尊。極其流弊，法律將失效力，此君主之意思，強使人民之必從，造成君主專制之政治。」[3]因而法治與尊君往往互為因果，任法導致君權獨大。以下即針對商鞅學說之尊君任法現象作一說明。

第二節　商鞅法治學說的尊君任法

一、性惡論的任法前提

　　商鞅重法欲藉「刑以去刑」，[4]主張以法為體，以刑為用的法治理念，又因凸出法治而擯斥禮治，視詩書禮樂為六蝨，[5]呈現其政治思想不在植根於人類道德心靈之自覺，

2　朱師轍，《商君書解詁定本》(台北：鼎文書局，1979 年出版)，自序，頁 4。
3　胡樸安，《商君書解詁》序，同上註，頁 7。
4　《商君書・開塞篇》，頁 34。
5　《商君書・靳令篇》，頁 47。

純然從經驗立場觀察人性，這思維也對法的內涵起相當作用，可以說是在人性自利前提下，視法為「利器」[6]而主張以法役民。其人性觀點如下：

(一)就好惡之情的表現而言

商鞅說：

> 民之有欲有惡也，欲有六淫，惡有四難。[7]
>
> 民之性，饑而求食，勞而求佚，苦則索樂，辱則求榮，此民之情也。[8]
>
> 羞辱勞苦者，民之所惡也；顯榮佚樂者，民之所務也。[9]
>
> 夫人性好爵祿而惡刑罰。[10]

上述文意以人性有好惡，「六淫」即生死耳目口鼻的慾望，「四難」即嚴刑、峻法、力農與務戰是人之所惡。也論及人性之內容可分作求生求食、求安求樂、求顯求榮三層次，並側重：「民之欲富貴也，共闔棺而後止。」[11]的逐利不知足的心態，已正視人性欲求無止境，所謂「民之於利也，若水之於下也。」[12]強調人性自利罕能知止。

(二)就衡量輕重的能力表現而言

商鞅說：

---

6 《韓非子‧內儲說上篇》，頁 550。
7 《商君書‧說民篇》，頁 23。
8 《商君書‧算地篇》，頁 26。
9 《商君書‧算地篇》，頁 29。
10 《商君書‧錯法篇》，頁 39。
11 《商君書‧賞刑篇》，頁 63。
12 《商君書‧君臣篇》，頁 85。

> 民生則計利，死則慮名。…民之性，度而取長，稱而
> 取重，權而索利。[13]

其意以人性好其所好、惡其所惡，普遍的計算利害，多是利之中取大，害之中取小。商鞅又舉證，以上世之士的志苦身勞及盜賊名辱身危之例說明：「今夫盜賊上犯君上之所禁，下失臣子之禮，故名辱而身危。猶不止者，利也。其上世之士，衣不煖膚，食不滿腸，苦其志意，勞其四肢，傷其五臟，而益裕廣耳，非性之常，而為之者，名也。」[14]不論是士人的志苦身勞或盜賊的名辱身危，多為權衡利害後為求利不惜失禮犯禁，為求名不惜忍饑苦身的強求者，藉此呈現人性求利現象。

(三)就強勇或怯弱天性的表現而言

商鞅說：

> 怯民使以刑必勇，勇民使以賞則死。怯民勇，勇民死，
> 國無敵者彊，彊必王。[15]
> 民勇，則賞之以其所欲；民怯，則刑之以其所惡。故
> 怯民使之以刑刑，則勇；勇民使之以賞，則死。怯
> 民勇，勇民死，國無敵者必王。[16]

上述以人性有勇怯之異，為政者可透過刑賞，使怯民趨於驍勇，勇民也可以進而為國死戰。基本上是運用人性

---

13 《商君書·算地篇》，頁 28。
14 《商君書·算地篇》，頁 26。
15 《商君書·去彊篇》，頁 18。
16 《商君書·說民篇》，頁 22-23。

趨利避害的自利表現。

(四)就人性古愚今智的變遷而言

商鞅說：

> 古之民樸以厚，今之民巧以偽。[17]

其文意是從歷史觀點論述人性有古愚今智的變遷，而變遷原委在人口激增，同時人與人之間往往講求區別彼此的分際，所謂：「親親而愛私。親親則別，愛私則險；民眾而以別險為務，則民亂。」[18]為求自保生存，於是「不知而學」，從「樸厚」而變為「巧偽」。

商鞅觀察人性自利的現象外，進而物化人性，凸出執政者唯有透過外在賞罰才能控制人民。由於以賞罰役民，只正視人貪得樂進一面，顯然是認定人無為善可能。

二、進化歷史觀之任法立場

商鞅所持者是進化歷史觀，或稱演變不復之歷史觀。商鞅肯定歷史的變嬗，認為制度在歷史變動中必然要與時推移，於是衍生變古與反古措施。商鞅說：

> 天地設而民生之，當此之時也，民知其母而不知其父，其道親親而愛私，親親則別，愛私則險，民眾而以別險為務，則民亂，當此時也，民務勝而力征，務勝則爭，力征則訟，訟而無正，則莫得其性也。故賢

17　《商君書‧開塞篇》，頁 32。
18　《商君書‧開塞篇》，頁 31。

　　　　者立中正，設無私，而民說仁，當此時也，親親廢，
　　　　上賢立矣。凡仁者以愛為務，而賢者以相出為道，民
　　　　眾而無制，久而相出為道，則有亂。故聖人承之，作
　　　　為土地貨財男女之分。分定而無制不可，故立禁，禁
　　　　立而莫之司不可，故立官設官莫之一不可，故立君，
　　　　既立君，則上賢廢，而貴貴立矣。[19]

　　上述文意商鞅將歷史分作上世、中世、下世三階段，
形成歷史變動的因素或「民眾而以別險為務」，或「民眾而
無制」，也就是由於世俗混亂遂由上世轉入中世、中世轉入
下世。也由於時代風氣改變，制度亦隨之而異，從親親而
尚賢而貴貴尊官。並舉證昊英、神農以及黃帝之世時「世
異則事異」[20]的現象，與其三世之說的觀點相發明。

　　基本上，三世之說與三世遞變之真確性史實已無法考
見，將三世之說與歷史現象比照，審視其真實性，也非探
討商鞅三世之說的重點，商鞅是從「世事變而行道異」的
思考，挑選過去時間中，無限經驗事實來建構其理論基礎，
目的在陳述歷史的演化與制度的因時制宜。

　　據此，商鞅主張進化歷史觀，認為人君不宜墨守成規，
於是提出變古與反古的論點。《商君書‧更法篇》與《史記‧
商君列傳》記載了秦孝公欲變法以治，與商鞅、甘龍、杜
摯三大夫商討策畫之內容。其間甘龍、杜摯主張依循舊日
法度，而商鞅力倡變古，其重要言論摘錄如下：

19　《商君書‧開塞篇》，頁 31。
20　《商君書‧畫策篇》，頁 64。

> 三代不同禮而王，五霸不同法而霸。…前世不同教，
> 何古之法？帝王不相復，何禮之循？伏羲、神農，教
> 而不誅；黃帝、堯、舜，誅而不怒。及至文、武，各
> 當時而立法，因事而制禮，禮法以時而定，制令各順
> 其宜，兵甲器備，各便其用。臣故曰：治世不一道，
> 便國不必法古。湯武之王也，不循古而興，殷夏之滅
> 也，不易禮而亡。然則反古者未必非，循禮者未足多
> 是也。[21]

上述商鞅以伏羲、神農時無刑罰，黃帝、堯、舜時有
刑罰，進而至文、武時則立法制禮，歸納「治世不一道，
便國不必法古」的結論。並以湯武之王、殷夏之滅，說明
「循禮者未足多是」，以支持他「禮法以時而定，制令各順
其宜」之論說。

至於商鞅變古原因，可歸納為兩點：

(一)時勢不同，若因襲不合時宜之舊制度必窒礙難行

商鞅說：

> 今世巧而民淫，方倣湯武之時，而行神農之事，以隨
> 世禁，故千乘惑亂。[22]

上述是以為在人民巧偽的世代而仍推行湯武致彊之
道，或是仍以神農教化方法服民，必然導致混亂。

(二)制度不與時推移則不能適應時代需要

商鞅說：

---

21 《商君書·更法篇》，頁 2-4。
22 《商君書·算地篇》，頁 28。

> 上法古而得其塞，下修今而不時移，而不明世俗之
> 變，不察治民之情。[23]

　　其意強調上法古而不知變通，將無法配合時代需求，又下修今而不知與時推移，將拘泥成法跟不上時勢發展。因此，此言論不僅斥責了「法古」的社會分子，也斥責「安其故而不闚於時」一類的法家。[24]換言之，一國法制應隨時勢變遷而修改，誠如其所言：「苟可以彊國，不法其故；苟可以利民，不循其禮。」[25]這變古主張是其應世的重要原則。

　　商鞅變古思維也發展為反古言論，商鞅說：

> 古之民樸以厚，今之民巧以偽。故效於古者，先德而
> 治，效於今者，前刑而法。[26]

　　其文意以順應今民巧偽的時勢，主張用刑治代替德治。文中呈現法家刑治與儒家德治的衝突，對儒家思想有排拒意識，可視為商鞅反德治即反古的言論。這也可從《商君書》多處貶抑儒家禮樂窺其端倪，商鞅說：

> 辯慧，亂之贊也；禮樂，淫佚之徵也；慈仁，過之母
> 也；任譽，姦之鼠也。[27]

　　以上的變古與反古，認為外在儀文制度須因事制宜避免流於僵化，廢棄周文疲敝後極奢靡荒淫的禮樂，而主張

23　《商君書‧壹言篇》，頁 36-37。
24　鄭良樹，《商鞅及其學派》(台北：學生書局，1987 年出版)，後編第
　　二章。
25　《商君書‧更法篇》，頁 2。
26　《商君書‧開塞篇》，頁 32。
27　《商君書‧說民篇》，頁 21。

法治。因時制宜的觀點本有正面價值，然而其基本精神是有疑慮的，原因有二：

(一)是將周文疲敝後之禮樂等同儒家禮樂精神，並加以否定。

根據《論語》記載，季氏為魯國大夫竟用八佾於家廟，僭禮踰分。孔子憤然而言：「是可忍也，孰不可忍也！」並斥管仲之樹塞門、行反坫及仲孫、叔孫、季孫踰禮，家祭用孔子祭祀之雍詩，[28]所謂「禮云禮云，玉帛云乎哉！樂云樂云，鐘鼓云乎哉！」[29]道出內心無限感慨。也就是孔子否定不合時宜的禮樂，態度與商鞅一致。不過孔子並未進而否定禮樂的價值和精神，反而欲重開禮樂新機運。所以孔子注入仁的精神來轉化已荒淫的禮樂，孔子儒家重振的禮樂不等同淫佚之禮樂。而商鞅斥荒淫之禮，甚至貶抑儒家禮樂，否定禮樂之教的德治。是不了解二者層次不同，或有意扭曲禮樂價值。

(二)是排斥禮樂標舉法治只看到歷史演進的表象，實則拋棄歷史根源。

商鞅說：「三代不同禮而王，五霸不同法而霸。」[30]其忽略三代之禮制也是因革損益、依時制宜的依時局修正而來。儒家肯定歷史，如孟子所言：「原泉沌沌，不舍晝夜，盈科而後進，放乎四海，有本者如是。是之取爾！苟為無

28　《論語‧八佾》，頁 25 及頁 30。
29　《論語‧陽貨》，頁 156。
30　《商君書‧更法篇》，頁 2-3。

本，七八月之間雨集，溝澮皆盈，其固也，可立而待也。」
[31]其本意指君子之學應有本源，實則也說明歷史根源乃一脈
相傳。至於任法廢禮則斬斷歷史，抹煞了前人的努力與價
值。

三、商鞅法治學說中的尊君現象

在人性自利的前提下，商鞅申述說：

> 凡人臣之事君也，多以主所好事君。君好法，則臣以
> 法事君；君好言，則臣以言事君。[32]

文中強調人民將會以國君的好惡為好惡，所以君主應
以法為準。又說：

> 言不中法者，不聽也；行不中法者，不高也；事不中
> 法者，不為也。言中法則辨之；行中法則高之；事中
> 法則為之。[33]

上文主張不以私意亂法，即「錯法而民無邪」，「法明
而民利之也」[34]。不過，商鞅也提及國君有法令的主導權，
也就是〈修權篇〉中的「權」。「權」指權力，是制定政令、
推行政令的依據。國君握賞罰之權柄，可以引導或駕馭人
民，他說：

31　《孟子・離婁下》，頁 145。
32　《商君書・修權篇》，頁 50。
33　《商君書・君臣篇》，頁 85。
34　《商君書・錯法篇》，頁 38。

貧者使以刑則富；富者使以賞則貧。治國能令貧者
富，富者貧，則國多力，多力者王。[35]

　　上述文意，執政者可以藉由刑賞引導人民來充實國
力，貧者以刑罰督促使努力耕戰而富足，富者以獎勵納粟
等方式而還富於國。至於嚴刑峻法以富國強兵也自然成為
商鞅法治觀的必然趨勢。韓非說：

公孫鞅之法也重輕罪。重罪者人之所難犯也；而小過
者人之所易去也。使人去其所易，無離其所難，此治
之道也。夫小過不生，大罪不至，是人無罪而亂不生
也。一曰：公孫鞅曰：「行刑重其輕者，輕者不至，
重者不來，是謂以刑去刑。」[36]

　　文中肯定商鞅輕罪重罰之重刑政策可以「以刑去刑」，
有關商鞅重刑言論散見於《商君書》，〈開塞篇〉更提出重
刑之必要：

故以刑治則民威，民威則無姦，無姦則民安其所樂。
以義教則民縱，民縱則亂，亂則民傷其所惡。…立君
之道，莫廣於勝法；勝法之務，莫急於去姦；去姦之
本，莫深於嚴刑。故王者以賞禁，以刑勸，求過不求
善，藉刑以去刑。[37]

　　上述文中嚴刑與義刑比對以明重刑之必要。事實上，

---

35 《商君書‧去彊篇》，頁 18。
36 《韓非子‧內儲說上篇》，頁 543。
37 《商君書‧開塞篇》，頁 33-34。

除商鞅外墨子曾說：「罰嚴足畏。」[38]荀子也說：「刑稱罪則治，不稱罪則亂，故治則刑重，亂則刑輕。」[39]基本上，荀子還強調罪刑相當，至於商鞅則主張輕罪重罰，他說：

> 行刑重其輕者，輕者不生，則重者無從至矣。…行刑
> 重其重者，輕其輕者，輕者不止，則重者無從止
> 矣。[40]

文中闡述重罪科以重刑，輕罪科以輕刑，則刑至事生，倘若輕罪重刑，則刑去事成。這是運用人情趨避及畏懼心理，而達到「以刑去刑」的目標。至於商鞅實行重刑有刑無等級與防犯未然二種原則，他說：

> 所謂壹刑者，刑無等級。自卿相將軍以至大夫庶人，
> 有不從王令、犯國禁、亂上制者，罪死不赦。有功於
> 前，有敗於後，不為損刑。有害於前，有過於後，不
> 為虧法。忠臣孝子有過，必以其數斷。守法守職之吏，
> 有不行王法者，罪死不赦，刑及三族。周官之人，知
> 而訐之上者，自免於罪。無貴賤，尸襲其官長之官爵
> 田祿。[41]

文中所謂刑無等級即是壹刑，證明他執法如山，打破傳統「刑不上大夫，禮不下庶人」的差別待遇。〈賞刑篇〉也曾舉晉文公殺寵臣顛頡而大治一例，說明刑罰不失疏

38　《墨子‧備城門篇》，(清)孫詒讓，《墨子閒詁》(北京：中華書局，2001
　　年出版)，頁494。
39　《荀子‧正論篇》，頁328。
40　《商君書‧說民篇》，頁22。
41　《商君書‧賞刑篇》，頁60-61。

遠、不違親近的原則。

　　商鞅又說：

> 重刑連其罪，則民不敢試。民不敢試，故無刑也。夫
> 先王之禁刺殺，斷人之足，黥人之面，非求傷民也，
> 以禁姦止過也。故禁姦止過，莫若重刑。[42]

　　文中主張重刑目的不在事後之懲罰，而在防犯未然。
透過計利慮害心理，運用輕罪重罰禁姦止過，並藉重罰犯
人達到殺一儆百效果。

　　透過上文，顯然商鞅的法治是君主制勝人民的關鍵，
他曾說：「凡人主德行非出人也，知非出人也，勇力非過人
也。然民雖有聖知弗敢我謀，勇力弗敢我殺，雖眾不敢勝
其主；雖民至億萬之數，縣重賞而民不敢爭，行罰而民不
敢怨者，法也。」[43]也就是國君德行、智慧、勇力不一定超
越一般人，然而，若持法治國則民服從。換言之，法之賞
罰既出自君主，人民將會以君主之好惡為好惡。又說：「昔
之能制天下者，必先制其民者也；能勝強敵者，必先勝其
民者也。故勝民之本在制民，若冶於金，陶於土也。本不
堅，則民如飛鳥走獸，其孰能制之？民本，法也。故善治
者，塞民以法，而名地作矣。」[44]換言之，法是君主陶冶人
民的工具，是君主絕對化的保障，而人民只是執政者的附
庸而已。

42　《商君書・賞刑篇》，頁61。
43　《商君書・畫策篇》，頁67。
44　《商君書・畫策篇》，頁64-65。

第三節　商鞅法治學說的抑民現象

　　以下分別從商鞅於法治、經濟、學術思想及軍事等方面的執法作一說明。

一、就法治而言

　　(一)重刑制度：商鞅受李悝《法經》相秦，並「改法為律」，制定《秦律》六篇，[45]在法律觀念上又推進一步，提出一系列推行法治的方法。以下根據史籍輯得之有限資料：

> 令民為什伍而相牧司連坐。不告姦者腰斬，告姦者與斬敵首同賞。為私鬥者，各以輕重被刑。事末利及怠而貪者，舉以為收孥。令民父子兄弟同室內息者為禁。舍人無驗者，坐之。[46]
>
> 步過六尺者有罰。[47]
>
> 刑棄灰於道者。[48]

以上的法律條文呈現商鞅制定之法令是刑重且繁，以

45　(唐)長孫無忌等編，《唐律疏議》：「改法為律，謂盜律賊律囚律捕律雜律具律也。」(台北：商務印書館，1968 年出版)，第一卷，頁 8。

46　以上《史記‧商君列傳》，頁 893 及頁 896。

47　《史記‧商君列傳》裴駰《集解》，頁 896。

48　《史記‧李斯列傳》，頁 1041。

「刑棄灰於道」為例,以刑責處罰棄灰對環境衛生的影響,是用舉輕明重的執法信念來警惕以身試法者,太史公評其:「夫棄灰,薄罪也;而被刑,重罰也。」[49]凸顯商鞅輕罪重罰的現象。《韓非子》也批評商鞅之法是「重輕罪」。[50]由於輕罪重罰則其法必然嚴密、罪多,故有「秦法繁於秋荼而網密於凝脂」之說。[51]且睡虎地秦墓竹簡記載的法律,有〈田律〉、〈廄苑律〉、〈倉律〉、〈金布律〉、〈關市〉、〈工律〉、〈工人程〉、〈均工〉、〈徭律〉、〈司空〉、〈置吏律〉、〈效〉、〈軍爵律〉、〈傳食律〉、〈行書〉、〈內史雜〉、〈衛雜〉、〈屬邦〉、〈除吏律〉、〈游士律〉、〈除弟子律〉、〈中勞律〉、〈藏律〉、〈公車司馬獵律〉、〈牛羊課〉、〈傅律〉、〈屯表律〉、〈捕盜律〉、〈戍律〉等二十餘種。[52]其中雖有部分條文乃商鞅死後所累增,然而並不能否認商鞅遺法的影響,也可以說此乃商鞅刑繁之延伸與證明。

又據《史記・商君列傳》及《漢書・刑法志》記載,商鞅制定之刑名總類至少有連坐、腰斬、參夷、鑿顛、抽脅、鑊烹、車裂、黥、劓、遷、收等十一種,大多有刑罰酷烈現象。如抽脅、鑊烹、腰斬之刑,由刑名釋義不難推知為極端不合人道之方式。又連坐法株連廣泛,誠如裴駰所言:「一日臨渭而論囚七百餘人,渭水盡赤,號哭之聲動

---

49 《史記・李斯列傳》,頁 1041。
50 《韓非子・內儲說上篇》,頁 543。
51 《鹽鐵論・刑德篇》,頁 565。
52 〈睡虎地秦墓竹簡〉,張顯成主編,《秦簡逐字索引》(成都:四川大學出版社,2010 年出版),頁 120-134。

於天地。」[53]可推測其中無辜而株連者定不在少數。表示有
濫肆刑殺、草菅人命的情形。

(二)**連坐制度**：獎告姦的連坐制度，太史公說：

> 令民為什伍，而相牧司連坐，不告姦者腰斬；告姦者，
> 與斬敵首同賞；匿姦者，與降敵同罰。[54]

商鞅新法的戶口編制採什伍制度，使民互相糾察監
視。告發姦人予以重賞，反之則行重罰。且同什伍中，一
人有罪則他人連帶有罪。如司馬貞所言：「一家有罪而九家
連舉發，若不糾舉，則十家連坐。恐變令不行，故設重禁。」
[55]《商君書》中亦有連坐制的記載：

> 守法守職之吏有不行王法者，罪死不赦，刑及三族。
> 周官之人，知而訐之上者，自免於罪，無貴賤，尸襲
> 其官長之官爵田祿。[56]

其文意以連坐制不分官吏人民一律施行，且有三族連
坐之規定。此外，商鞅又說：

> 其戰也，五人束薄為伍，一人死而剄其四人。[57]
> 行間之治，連以五。[58]

文中說明連坐法亦施行軍隊中。徐復觀即說：「這一方
面是軍事組織、軍事控制，同時又是刑罰組織、刑法控

53　《史記‧商君列傳》裴駰《集解》，頁896。
54　《史記‧商君列傳》，頁892-893。
55　《史記‧商君列傳》，司馬貞〈索隱〉，頁893。
56　《商君書‧賞刑篇》，頁61。
57　《商君書‧境內篇》，頁71。
58　《商君書‧畫策篇》，頁65。

制。」[59]基本上，連坐制屬重刑制度，具有刑重、殘酷之特色。此乃出自商鞅對人性計利之了解，利用人畏威畏法心理，而以苛刑重法方式控制人民，而忽略道德無形的潛在。所以馬端臨說：

> 秦人所行什伍之法，與成周一也。然周之法，則欲其出入相友，守望相助，疾病相扶持。是教其相率而為仁厚輯睦之君子也。秦之法，一人有姦，鄰里告之，一人犯罪，鄰里坐之。是教其相率而為暴戾刻核之小人也。[60]

二、就經濟方面言

(一)**獎農功**：商鞅獎勵農功，根據太史公記載：「僇力本業耕織，致粟帛多者復其身。」[61]「復其身」是致粟帛多者的鼓勵，當中的用意有三種說法：一是相對於「事末利及怠而貧者，舉以為收孥」而言，所以復其身指從奴隸恢復為自由身分。二是指免除賦役，所謂「能人得一首則復」[62]之意。三指免除兵役，所謂「今使復之三世，無知

---

59 徐復觀，《兩漢思想史》(台北：學生書局，1985年出版)，卷一，頁122。
60 (元)馬端臨，《文獻通考》卷十二〈職役考一〉(北京：中華書局，2011年出版)。
61 《史記・商君列傳》，頁893。
62 《商君書・境內篇》，頁71。

軍事」[63]之意。據王曉波分析：

> 「復其身」何義？歷來有不同說法，但相對於「事末
> 利及怠而貧者，舉以為收孥」而言，當是指收孥的反
> 面。我們知道當時除了公田之外，已有私田的存在，
> 農民雖有自己開闢出來的私田，但其身份還是公田的
> 農民，要受到一些約束，來鼓勵「致粟帛多者」。鼓
> 勵的反面就是處罰，對那些已經游離出農村而「事末
> 利」的工商之人，若其「怠而貧」就給予「收孥」的
> 處罰。「收孥」來的人做何用呢？當然不會白白的奉
> 養他們，我們推斷當是賞給有功者作家奴，或去從事
> 公田的生產。商君這項政策實行的結果，當是「致粟
> 帛多」和「復其身」。關於前者就是「富國」，關於後
> 者便是正式承認自耕農或私有地主的存在了。[64]

以上根據商鞅第二次變法實行廢井田開阡陌之制度，
在此之前井田未廢，公田仍存在，農民多是助耕奴隸，故
採第一說。

由於我國自古以農立國，人民與農業關係密切，所謂
「民，國之本也；穀，民之天也。」[65]在民賴農維生情況下，
商鞅獎農功自然有其正面價值。章炳麟即說：

> 功堅其心，糾其民於農牧，使鄉之游惰無所業者，轉

---

63 《商君書・徠民篇》，頁 54-55。
64 王曉波，《先秦法家思想史論》(台北：聯經出版社，1991 年出版)，〈商
  君與商君書的思想分析〉，頁 148 至 149。
65 (清)紀昀，《四庫全書總目提要》(台北：商務印書館，1968 年出版)，
  卷九十一〈子部總敘〉，頁 1873。

而傅井畝。是故蓋藏有餘,而賦稅亦不至於缺乏。其
始也穀,其終也交足,異乎其屬民以鞭箠而務充君之
左藏也。[66]

於「訾粟而稅,上壹而民平」[67]原則下,對男耕女織生
產特多者予以優待,可鼓勵人民為國所用。

然而,商鞅重農目的是在富國,且其富國並非富民,
從他所提納粟任爵的理論可知他並不關心人民貧富,只是
關心民貧或民富之後對國家有無利弊影響。也就是他欲貧
者富並非樂見人民富足,而是以富足為誘餌,迫使人民為
君主賣命效力。其出發點是藉法令之強制力驅策人民成為
生產機器,而方式則是配合他對人性的曲解,不外以利誘
民、以名誘民。

(二)抑商賈:《商君書》抑制商業發展之法令,其條文
有四:

使商無得糴,農無得糶。農無得糶,則窳惰之農勉疾。
商不得糴,則多歲不加樂。多歲不加樂,則饑歲無裕
利。無裕利則商怯,商怯則欲農,窳惰之農勉疾,商
欲農,則草必墾矣。[68]
貴酒肉之價,重其租,令十倍其樸。然則商賈少,農
不得喜酣奭,大臣不為荒飽。商賈少,則上不費粟。

---

66 (清)章太炎著、徐復注,《訄書詳注》(上海:上海古籍出版社,2000
年出版),〈商鞅第三十五〉,頁 568。
67 《商君書‧墾令篇》,頁 5。
68 《商君書‧墾令篇》,頁 6。

農不能喜酣奭，則農不慢。大臣不荒，則國事不稽，
主無過舉。上不費粟，民不慢農，則草必墾矣。[69]

重關市之賦，則農惡商，商有疑惰之心。農惡商，商
疑惰，則草必墾矣。[70]

以商之口數使商，令之廝、輿徒重者必當名，則農逸
而商勞。農逸則良田不荒，商勞則去來賫送之禮，
無通於百縣，則農民不饑，行不飾。農民不饑，行
不飾，則公作必疾而私作不荒，則農事必勝。農事
必勝，則草必墾矣。[71]

以上文意，商鞅用不得買賣穀物及實行重租、重稅、
重勞役等方式壓抑商賈，阻礙商人出現。這種方式是人情
趨避的掌握，亦是受人性觀的影響。

他在人性趨利避害前提下，主張以賞罰御民。說：「人
情好爵祿而惡刑罰，人君設二者以御民之志，而立所欲焉。」
[72]而賞罰著重於獎耕戰，而主張「上利從一空出」。商鞅認
為：「見言談游士事君之可以尊身也，商賈之可以富家也，
技藝之足以餬口也，民見此三者之便且利也，則必避農，
避農則民輕其居，輕其居則必不為上守戰也。」[73]其意是言
談、商賈、技藝、農戰四者皆可穫利，則人往往取易去難，
以便利之道求生、求富、求榮，必然導致避農戰之現象，

69　《商君書・墾令篇》，頁 7。
70　《商君書・墾令篇》，頁 9。
71　《商君書・墾令篇》，頁 9。
72　《商君書・錯法篇》，頁 39。
73　《商君書・農戰篇》，頁 13-14。

而與國家富強政策相悖。商鞅因而主張「塞私道以窮其志，啟一門以致其欲。」[74]「啟一門」即斷絕一切倖進機會，只開啟農戰的唯一方式。

此外，又人性趨利而不知止，則主張納粟任爵，既滿足個人欲望，且國君亦可獲利。商鞅說：

> 民貧則力富，民富則淫，淫則有蝨。故民富而不用，則使民以食出爵，各必以其力，則農不偷。農不偷，六蝨無萌，故國富而民治。[75]

其意是以人民因貧困饑寒而勞苦力農，待力農致富後輒生淫逸。行納粟任爵之法，民富將為國富。民既不流於奢淫，且失其糧食又必務農，往復循環國必多力。

三、就學術思想而言

商鞅斥學，尤其是儒學。有關斥學之法令條文有二：

> 無以外權爵任與官，則民不貴學問，又不賤農。民不貴學問則愚，愚則無外交，無外交則勉農而不偷。民不賤農，則國安不殆。國安不殆，勉農而不偷，則草必墾矣。[76]

> 國之大臣、諸大夫，博聞、辯慧、游居之事皆無得為。無得居游於百縣，則農民無所聞變見方。農民無所聞

74　《商君書・說民篇》，頁 23。
75　《商君書・弱民篇》，頁 76。
76　《商君書・墾令篇》，頁 5。

變見方，則知農無從離其故事，而愚農不知，不好學

問，則務疾農。知農不離其故事，則草必墾矣。[77]

因此，藉由法令禁止學問傳播，《韓非子》甚至記載商

鞅有焚書的手段：

商君…燔詩書而明法令，塞私門之請而遂公家之勞，

禁游宦之民而顯耕戰之士。[78]

前人認為李斯諫焚書應受商鞅成法遺規之影響，蘇轍

曾說：

至於偶語詩書者棄市，以古非今者族，其端皆自鞅發

之。[79]

宋濂亦言：

不貴學問以愚民，不令豪傑務學詩、書，其流毒至嬴

政，遂大焚詩、 書、百家語，以愚天下黔首，鞅實

啟之，非特李斯過也。[80]

可以說秦始皇焚書商鞅難辭其咎，其依法而廢禮，法

治與道德分道揚鑣，形成立法上的偏執。

四、就軍事方面言

商鞅於軍事上最具代表性的政策是建立尚首功制度，

---

77 《商君書・墾令篇》，頁 8。

78 《韓非子・和氏篇》，頁 239。

79 蘇轍，《古史・商君列傳》，《四庫全書》(台北：台灣商務印書館，1986
年出版)，史部別史類第 371 冊。

80 宋濂，《潛溪後集》卷一〈諸子辯〉，收於《宋濂全集》(浙江：古籍出
版社，1999 年出版)，第一冊，頁 141。

他說：「有軍功者，各以率受上爵。…宗室非有軍功，論不得為屬籍。明尊卑爵秩等級，各以差次，名田宅臣妾衣服以家次。有功者顯榮，無功者雖富無所芬華。」[81]欲建立一「尊卑爵秩」分明的社會，凡爵位、田宅大小、衣服樣式、臣妾數量皆依軍功大小而定，以軍功大小訂定社會地位，打破封建制度中爵位為貴族獨有的傳統。因其側重軍功，至於作為賞賜爵祿的標準，則建立在殺敵多寡的人數上。商鞅說：

> 軍爵，自一級以下至小夫，命曰校徒操士。公爵，自二級以上至不更，命曰卒…五人一屯長，百人一將。其戰，百將屯長必得斬首。得三十三首以上，盈論，百將屯長賜爵一級…能攻城圍邑斬首八千以上，則盈論；野戰斬首二千，則盈論。吏自操及校以上大將，盡賞行間之吏也。故爵公士也，就為上造也。故爵上造，就為簪裊。故爵簪裊，就為不更。故爵不更，就為大夫。爵吏而為縣尉，則賜虜，六加五千六百。爵大夫而為國尉，就為官大夫。故爵官大夫，就為公大夫。故爵公大夫，就為公乘。故爵公乘，就為五大夫，則稅邑三百家。故爵五大夫，就為庶長；故爵庶長，就為左更；故爵三更也，就為大良造，皆有賜邑三百家，有賜稅三百家。爵五大夫有稅邑六百家者，受客…誓由丞尉，能得甲首一者，賞爵一級，益田一頃，益

---

81 《史記・商君列傳》，頁 893。

宅九畝。級除庶子一人，乃得入兵官之吏。[82]

以上〈境內篇〉的以爵賞有功，爵名有一級至十六級，與《漢書·百官公卿表》秦有二十爵略有不同。[83]應該是二十爵於商鞅時未形成，而其基本體系成於此時。

商鞅晉爵關鍵，也就是他論功行賞的方法，根據韓非所引：「商君之法曰：『斬一首者爵一級，欲為官者為五十石之官；斬二首者爵二級，欲為官者為百石之官』。官爵之遷與斬首之功相稱也。」[84]斬一首者爵一級，近人研究則秦爵無法消化無盡之首功，且將導致人人優官、戶戶高爵的現象。[85]因此，韓非所引商君之法，只是爵制中之一條或少數法令，不可作唯一原則。以下由〈境內篇〉分析商鞅軍功授爵之辦法：[86]

(一)一級公士不必有軍功，是秦軍之恩賜。

(二)二級上造、三級簪褭和四級不更，便全憑個人戰功而晉升，原則上是依照韓非所述商君之法斬一首爵一級之方法。

(三)第四級以後則不能按此方法晉升，須擔任屯長或

82　《商君書·境內篇》，頁 71-74。

83　《漢書·百官公卿表上》秦有爵二十級：「爵：一級曰公士，二上造，三簪褭，四不更，五大夫，六官大夫，七公大夫，八公乘，九五大夫，十左庶長，十一右庶長，十二左更，十三中更，十四右更，十五少上造，十六大上造，十七馭車庶長，十八大庶長，十關內侯，二十徹侯。」頁 739-740。

84　《韓非子·定法篇》，頁 907。

85　杜正勝，〈從爵制論商鞅變法所形成的社會〉，《中研院歷史語言研究所集刊》第五十六本第三分。

86　同上註。

百將，而所率領之部隊在一次戰役中獲得三十三首，才得以晉爵。

(四)又有得甲首一者賞爵一級，並益以田宅、庶子的辦法。此因「甲首」與一般斬首不同，由於是行伍首腦，斬獲困難故得厚賞。

以上可推知商鞅軍功授爵制度之複雜，非「斬一首者爵一級」所能涵蓋。就統治者立場而言，尚首功不外是欲民致力殺敵而強國，但商鞅強國並非強民衛民，相反的商鞅認為強國與強民對立，這與他獎農功並非關心人民富足是一樣的立場。他說：「不勝而王，不敗而亡者，自古及今，未嘗有也。」[87]換言之，尚首功只是要鼓勵人民爭戰。此外，就人民立場而言，商鞅以首功重劃社會地位，庶人可由戰場上的殺敵立功改變自己身份，必然全力以赴促使戰鬥力增強。這可以從秦每次戰役斬首無數的情形判斷，秦士卒簡直趕盡殺絕。[88]此現象可說是商鞅尚首功奏效，統治者運用士卒的邀功心理，以人民為征戰的強國工具，而人民也淪為計利的奴隸。

---

87 《商君書・畫策篇》，頁 65。
88 徐復說：「秦尚首功，見於史者，如獻公二十一年與晉戰，斬首六萬，孝公八年與魏戰，斬首七千，惠文王八年與魏戰，斬首四萬五千。後七年，與韓、趙戰，斬首八萬…計共一百六十六萬八千人。而史所缺略不書者，尚不知凡幾。從古殺人之多，未有無道如秦者也。」(清)孫楷著、徐復訂補，《秦會要訂補》(北京：中華書局，1959 年出版)，卷十八〈上首功〉，頁 297。

第四節　小　結

　　上述商鞅所謂的法，廣義的說是統治者強制人民盡片
面義務之命令，狹義的說只是一種刑法，與儒家人治主張
「禮者禁於將然之前，而法者禁於已然之後。」[89]不同。尤
其是商鞅法治的最高權威並非法律而是人君，所謂：「權
者，君之所獨制，人主失守則危。…權制斷於君則威。」[90]
的論點。這種「專制時代的『權原』在皇帝」[91]，法的制定
權不在全體人民而由國君主導，則「法律之前，人人平等」
只是假平等。君主擁有崇高地位，法只是君主統治人民的
工具。同時，也呈現商鞅以緣法而治是強國富國的手段，
可以說他所設計的法有保障國君與富國強兵意識二項特
色。

　　商鞅說「國之所以興者，農戰也。」「國待農戰而安，
主待農戰而尊。」[92]他明白：

　　　國之所以重，主之所以尊者，力也。於此二者，力本。[93]

89　《漢書・賈誼傳》，頁 2252。

90　《商君書・修權篇》，頁 49。

91　梁啟超，《先秦政治思想史》(台北：東大圖書公司，1987 年出版)，
　　第十六章。殷海光，〈治亂的關鍵〉一文，收入徐復觀，《學術與政治
　　之間》(台北：學生書局，1985 年出版)，頁 128。

92　《商君書・農戰篇》，頁 10 及頁 12。

93　《商君書・慎法篇》，頁 90。

　　農戰二者是國力根本，經濟上農業為財力來源，民務耕織「生粟於境內，則金粟兩生，倉府兩實。」[94]國可富。政治上重農可使民樸易治，又可藉重農而強兵。軍事上，重戰在「戰事兵用曰彊，戰亂兵息而國削。」[95]也就是重戰意義在免於亡國，積極意義則在強國。積極主張立國政策在致力農戰，「國務壹，則民應用。事本專，則民喜農而樂戰。」[96]在此前提下，顯然法與富國強兵意識結合，因而特別強調「賞隨功，罰隨罪」[97]，賞罰需以實際客觀事實為標準，他說：

　　　　授官予爵，不以其勞，則忠臣不進。行賞賦祿，不稱其功，則戰士不用。[98]

　　文中所謂「功」指耕戰而言，商鞅擬定使民歸心於壹之策略，而制定「壹賞」、「壹刑」之法。

　　由上述商鞅結合農戰與刑法目的在富國尊君，欲國重主尊而要之以耕戰、戒之以刑罰。這種法治與富國強兵意識結合，其實不符合人權。所以魏鄭公說：

　　　　太宗曰：「周孔儒教非亂代之所行，商韓刑法，實清平之秕政。道既不同，固不可一概也。」公對曰：「商鞅、韓非、申不害等，以戰國縱橫，間諜交錯，禍亂易起，譎詐難防，務深法峻刑，以過其患，所以權救

94　《商君書・去彊篇》，頁 19。
95　《商君書・去彊篇》，頁 16。
96　《商君書・壹言篇》，頁 35。
97　《商君書・禁使篇》，頁 86。
98　《商君書・修權篇》，頁 50。

於當時，固非致化之通軌。[99]

嚴萬里又說：

蓋以力服人，力竭而變生；以德服人，德成而化盛。[100]

換言之，藉重法以富國強國，而君與國之間又無明確界定的條件下，形成君本法末的主從關係，與今日法制內涵截然不同。所以法治目的並非保障每個人的權利與自由，反成為趨使人民的殘酷工具。藉富國強兵以鞏固君主地位，相對的也就犧牲和削弱人民的重要性。

99　洪邁，《容齋隨筆》（台北：臺灣商務印書館，1981 年出版)，《魏鄭公諫錄》卷三。

100　嚴萬里，《商君書新校正本》(台北：台灣商務印書館，1939 年出版)，序。

第三章　商鞅法治學說的愚民理念

第一節　前　言

　　賈誼〈過秦論〉記載秦孝公「有席卷天下，包舉宇內，囊括四海之意」，商鞅佐之，「內立法度、務耕織、修守戰之具」，所以「外連橫而鬥諸侯」。[1]據《史記・商君列傳》所載商鞅入秦是在秦孝公元年，商鞅四見孝公，先說以帝道、王道、霸道，未被採納，而後以「彊國之術」說孝公，孝公「不自知膝之前於席也，語數日不厭。」[2]由於商鞅先以帝道王道說孝公，錢穆認為商鞅「守法奉公」即孔子正名復禮之精神，並以為商鞅曾受儒業，且思想淵源於儒者。[3]但是《史記・商君列傳》又記載「鞅少好刑名之學」，[4]以及改用霸道輔佐秦國的事蹟，所以商鞅說孝公「以比德殷周」的動機不得不令人質疑。嚴萬里即說：

1　賈誼，〈過秦上〉，閻振益、鍾夏校注，《新書校注》(北京：中華書局，2000 年出版)，頁 1。
2　《史記・商君列傳》，頁 892。
3　錢穆，《先秦諸子繫年考辨》(台北：東大圖書公司，1990 年出版)，卷三，頁 228。
4　《史記・商君列傳》，頁 891。

　　向使鞅能堅持其帝王之道,將不見用;用而其效或不如任法之速,而秦久安長治矣。然而,鞅安之所謂帝王之道也。偽也!彼不過假迂緩悠謬之說,姑嘗試之,而因以申其任法之說。[5]

　　按其意商鞅起初以帝道、王道遊說孝公一事是否對儒學有真知灼見?[6]亦或只是假王道的迂緩悠謬而申其任法學說呢?本章從《商君書‧靳令篇》所列的「六蝨」切入,[7]分作「非禮樂的尚戰觀念」「非詩書、辯慧的反智思維」「非仁義的崇法政策」「非孝弟、誠信、慈廉、善修的獎告姦特色」「非非兵、羞戰的強國思想」五部分說明,分析其視禮樂、詩書、仁義、孝弟等為「蝨」的原因,比較與儒家學說的異同。歸納得知商鞅提出「六蝨說」的基本理念,一是穩定農戰和崇尚法制的政策,二是營造儒家詩書禮樂仁義等思維與法治、農戰的衝突和不相容,也就是將道德與政治截然分開,注重政治實效而忽略人文化育的價值。藉此探討其對富國強兵雖有獨創性的貢獻,但卻失去了人文的本源,有濃厚的愚民思維。

　　《商君書》言及「六蝨」的言論見於〈去彊篇〉及〈靳令篇〉,二篇的說法又有不同:

5　嚴萬里,《商君書新校正本》(台北:商務印書館,1939年出版),序。
6　因為春秋戰國社會政治動盪不安,但是一般臣子多仍是禮治德治或「明德慎罰」的觀念。例如春秋時(西元前五三六年)鄭國子產以鑄刑書的公布法治國,叔向曾送書信給子產說:「昔先王議事以制,不為刑辟,懼民之有爭心也。」參見楊伯峻,《春秋左傳注》(台北:源流出版社,1982年出版)下冊,頁1274至1275。
7　《商君書‧靳令篇》,頁47。

農商官三者，國之常官也。三官者生蝨官者六：曰歲、
曰食、曰美、曰好、曰志、曰行，六者有樸必削。[8]
六蝨，曰禮樂、曰詩書、曰修善、曰孝弟、曰誠信、
曰貞廉、曰仁義、曰非兵、曰羞戰。國有十二者，上
無使農戰，必貧至削。[9]

上述六蝨的項目《商君書》說法不一，也就是〈去彊
篇〉及〈靳令篇〉對於六蝨的定義不同，學者對上述二說
的取捨也不同，例如：

一、俞樾取〈去彊篇〉的六蝨說，認為〈靳令篇〉「六
蝨」之下言「國有十二者」，而所列者為九事，數目不合，
認為六蝨二字應是衍文。[10]

二、簡書取〈靳令篇〉的「六蝨」說，認為〈去彊篇〉
「生蝨官者六」一句是指三官所生為官之蝨者六事，非曾
謂此即六蝨。並引用〈靳令篇〉「以六蝨授官與爵」等語，
認為「以志行玩好授官爵猶可，以歲食授官爵寧復可通？
故依文義，與其歲食等為六蝨，轉不若詩書禮樂等，數雖
懸絕，情實尚較相近。」[11]

三、尹桐陽採取〈靳令篇〉羅列的六蝨項目，認為：[12]

8 《商君書‧去彊篇》，頁 16。
9 《商君書‧靳令篇》，頁 47。
10 俞樾，《諸子平議》(台北：台灣商務印書館，1968 年出版)，卷二十，
　頁 396。
11 簡書，《商君書箋正》(台北：廣文書局，1975 年出版)，卷三〈靳令〉，
　頁 112 至 113。
12 尹桐陽，〈六蝨辨〉，收於《諸子論略》(台北：廣文書局，1975 年出
　版)，卷三，頁 142 至 143。

(一)靳令之言，云六蝨曰禮樂、曰詩書、曰修善、曰孝弟、曰誠信、曰貞廉、曰仁義，凡諸曰字，均當同越，踰也，違也。(二)曰羞戰之曰字，…若義同十二之十字，當作是字解。爾雅作時，時、十是雙聲通用，是二云者即斥非兵羞戰言也。(三)此商君〈靳令篇〉之微意，而商君重視詩書禮樂等，亦由此見恁說流傳，…強秦之商君，冤含千古而莫白，悲夫！

第三說以曰禮樂、曰詩書等七項目的「曰」字，同「越」字，作「踰也、違也」解釋，而曰羞戰的「曰」字，卻作「是」解釋，他認為六蝨是指踰越禮樂、詩書、修善、孝弟、誠信、貞廉、仁義等項目，並加上非兵、羞戰二者，進而歸納出「商鞅重視詩書禮樂等」的看法。這種對「曰」字的解讀，與其任法而忽略人文教化的精神不符。

〈去彊篇〉以歲、食、美、好、志、行為六蝨，根據朱師轍注解說：「歲謂偷惰歲功，食謂暴棄食物，皆有害於農。美謂美衣食，好謂重玩好，皆有害於商。志謂暴慢之志，行謂有貪污之行，皆有害於官。」[13]此六事非唯法家視為寄生害蟲，諸子百家對於有害農商官三者的行為也不能認同，以此為六蝨內涵不能凸出商鞅學說的特色。

至於〈靳令篇〉羅列的六蝨內容與《商君書‧農戰篇》的記載相似：

詩書禮樂善修仁廉辯慧，國有十者，上無使守戰。國

---

13 《商君書‧去彊篇》，頁 16。

以十者治，至必削，不至必貧。[14]

文中的重點在陳述禮樂、詩書、修善、孝弟、誠信、貞廉、仁義等教化或德行有礙於農戰的推行，藉由排斥禮樂詩書等教化以構成耕戰社會，這符合法家「任其力不任其德」[15]的特色。商鞅說：

國之所以重，主之所以尊者，力也。於此二者，力本。[16]

上述引文的「力」指「農」「戰」，商鞅以耕戰為本務，為使民致力農戰並有「壹賞」「壹教」的主張：

所謂壹賞者，利祿官爵摶出於兵，無有異施也。[17]

所謂壹教者，博聞辯慧，信廉禮樂，修行群黨，任譽清濁，不可以富貴，不可以評刑，不可以獨立私議以陳其上。…然富貴之門，要在戰而已矣。[18]

上述文意是排斥禮樂、詩書、辯慧、修善、孝弟、誠信、貞廉、仁義等教化或德行，以確立耕戰的社會價值。所以，〈靳令篇〉的六蝨與商鞅的事功有一貫性，以下即以此篇所羅列的六蝨項目為探討依據。

---

14 《商君書・農戰篇》，頁 12。
15 《商君書・錯法篇》，頁 40。
16 《商君書・慎法篇》，頁 90。
17 《商君書・賞刑篇》，頁 59。
18 《商君書・賞刑篇》，頁 62。

第二節　非禮樂的尚戰觀念

〈靳令篇〉以「禮樂」為六蝨之首，對於禮樂的內涵，商鞅說：

> 禮樂，淫佚之徵也。[19]

文中評論禮樂為淫佚之徵，基本上對於禮樂的理解已限於春秋時代社會物力充足後變相的驕奢現象，換言之，〈靳令篇〉視為六蝨之一的禮樂，已是不合時宜流於奢恥及形式末節的禮樂，並非儒家所說的「先王之制禮樂也，非以極口腹耳目之欲也，將以教民平好惡，而反人道之正也。」[20]的立身處世、治國教化的實質內涵。不過，商鞅卻以末流禮樂總括儒家禮樂精神，所以禮樂的內涵成為「淫佚之徵」。

商鞅視作淫佚之徵的禮與孔子提倡的禮層次上不同。《論語》記載孔子對於不合時宜禮樂的批判，例如季氏為魯國大夫用八佾於家廟，僭越禮分，孔子說「是可忍也，孰不可忍也！」[21]管仲相齊僭用國君的樹塞門及行反坫，孔子說「管氏而知禮，孰不知禮！」[22]但是孔子並未因此否定

19　《商君書・說民篇》，頁21。
20　《禮記・樂記》，(漢)鄭玄注，(唐)孔穎達正義，《禮記正義》，《十三經注疏》(台北：藝文印書館，1985年出版)，第五冊，頁665。
21　《論語・八佾》，頁25。
22　《論語・八佾》，頁30-31。

禮樂精神：[23]

　　在政治社會層面上：孔子對當時踰越禮分提出「正名」的撥亂方法，使「君君、臣臣、父父、子子」的倫理關係正常化，以期某一身分的人具備符合其身分的言行。將原本規範天生名分的禮，擴充為一般人可自行努力修養的品格行為。

　　在精神內涵層面上：孔子賦予禮樂的內在基礎是「仁」，所以說「人而不仁，如禮何！人而不仁，如樂何！」[24]而禮樂是行仁的具體行為，所以說「克己復禮為仁。」[25]轉化的禮樂已注入仁的精神，已非虛文或淫佚的禮樂。

　　由於商鞅斥荒淫之禮，並以為儒家禮樂精神的內涵即為「淫佚之徵」，淫佚源於富足而不能作正當的消耗，商鞅尋求解決的方式提出了「攻」「戰」：

> 國彊而不戰，毒輸於內，禮樂蝨官立，必削；國遂戰，毒輸於敵國，無禮樂蝨官，必彊。[26]

> 國富而不戰，偷生於內，有六蝨，必弱。[27]

> 力多而不攻則有姦蝨。[28]

　　上述文意商鞅認為消耗富足國力的最好方法在攻戰，反之淫靡毒素將在國內形成繁文縟節的淫佚禮樂，成為

23　林安弘，《儒家禮樂的道德思想》(台北：文津出版社，1988年出版)，頁44-51。
24　《論語・八佾》，頁26。
25　《論語・顏淵》，頁106。
26　《商君書・去彊篇》，頁17。
27　《商君書・靳令篇》，頁46。
28　《商君書・壹言篇》，頁36。

「蠹」而腐蝕人心,將國家的富足轉為攻戰敵人,國內則可免於產生踰越的禮樂。

基本上,商鞅對禮壞樂崩後的僭禮作樂發出了譴責並尋求解決方式,可惜他未再進一步了解或恢復理想的禮樂實質,而是將此不合宜的禮樂等同儒家禮樂,並一併排除而主張攻戰。這與孔子「正名」以撥亂或「克己復禮」的思路不同,是將重心置於攻戰而忽略禮樂的教化價值。

商鞅非禮樂而崇尚攻戰與秦風俗有關,《詩經・秦風》的〈小戎〉、〈無衣〉、〈駟驖〉等詩中歌頌秦人善御、善射、兵車武器和不忘備戰的精神。[29]《史記・秦本紀》記載秦本是西方山嶺草原的牧馬部落,秦襄王時以兵送周平王,有功封侯而賜岐以西的土地,襄公建國而國土迫近西戎僻處西陲,為阻遏戎患多修習戰備。[30]班固說:

> 山西天水、隴西、安定、北地,處勢迫近羌胡,民俗修習戰備,高上勇力,鞍馬騎射。故秦詩曰:『王于興師,修我甲兵,與子皆行。』其風聲氣俗,自古而然,今之歌謠慷慨,風流猶存耳。[31]

商鞅非禮樂則秦文化近於夷狄的流弊也無法改善,商

---

29 〈小戎〉詩:「俴駟孔群,厹矛鋈錞,蒙伐有苑,虎韔鏤膺。」裴普賢編著,《詩經評註讀本》(台北:三民書局,1986 年出版),上冊,頁 454。〈無衣〉詩:「豈曰無衣?與子同袍。王于興師,脩我戈矛。與子同仇。」頁 470。〈駟驖〉詩:「駟驖孔阜,六轡在手。」頁 447。「公曰左之,舍拔則獲。」頁 448。

30 《史記・秦本紀》,頁 92。

31 《漢書・趙充國辛慶忌傳》贊,頁 2999。

鞅變法前「始秦戎翟之教，父子無別，同室而居。」[32]商鞅
變法改革後仍有「抱哺其子，與公併倨；婦姑不相說，則
反唇而相稽。」[33]「擊甕叩缻，彈箏搏髀，而歌聲嗚嗚。」
[34]的文明低落現象。

第三節　非詩書、辯慧的反智思維

　　商鞅除以禮樂為蝨之外，也以詩書、辯慧為六蝨之一。
他非詩書的言詞常與非辯慧同時出現，[35]辯慧之意包括了言
談與智慧，智慧的提昇，游談言辯能力也會增強。

　　《商君書》曾論及詩書辯慧的缺失有下列二點：

　　一、任用談說之士，則失去以農戰任官予爵的標準。
衍生軍民不戰、農民流徙的捨棄農戰現象，而國力削弱。
他說：

> 農戰之民千人，而有詩書辯慧者一人焉，千人者皆怠
> 於農戰矣。農戰之民百人，而有技藝者一人焉，百人
> 者皆怠於農戰矣。[36]

> 今境內之民，皆曰：『農戰可避，而官爵可得也。』

---

32 《史記‧商君列傳》，頁 894。
33 《漢書‧賈誼傳》，頁 2244。
34 《史記‧李斯列傳》，頁 1036。
35 《商君書‧農戰篇》：「農戰之民千人，而有詩書辯慧者一人焉，千人
　　皆怠於農戰矣。農戰之民百人，而有技藝者一人焉，百人者皆怠於農
　　戰矣。」頁 12。
36 《商君書‧農戰篇》，頁 12。

> 是故豪傑皆可變業，務學詩書，隨從外權，上可以
> 得顯，下可以得官爵…皆以避農戰，具備，國之危
> 也。[37]

　　上述引文強調詩書談說之士對耕戰的國力影響甚大，同時學詩書會有「外權」，外權為外國勢力。由於戰國時競相招養游士，人民有知識往往有機會至其它諸侯國遊說並受重用，「禮賢下士」則人民棄農戰而追求知識，損及國家勞力，為防止知識分子與國外的連繫，因而視詩書辯慧為蟊加以杜絕。事實上，不僅非詩書辯慧，更有斥「五民」的言論。[38]所謂「五民」分別是詩書談說之士、處士、勇士、技藝之士和商賈之士，其中的知識分子對國家形成的壓力最大，所以商鞅以詩書之害與技藝之害有千人、百人之異的不同來呈現。

　　二、游談辯慧之士有結黨營私情形。他說：

> 世之所謂賢者，言正也，所以為言正者，黨也。聽其
> 言也，則以為能；問其黨，以為然，故貴之，不待其
> 有功；誅之，不待其有罪也。[39]

　　文中世上所謂的賢能的人，是指他的言論正確，而所以被認為言論正確則是因為他的黨羽稱譽，「聽其言」、「問

37　《商君書・農戰篇》，頁 10。
38　《商君書・算地篇》：「夫治國舍勢而任說說，則身修而功寡。故事詩書談說之士，則民游而輕其君；事處士，則民遠而非其上；事勇士，則民競而輕其禁；技藝之士用，則民剽而易徙；商賈之士佚其利，則民緣而議其上。故五民加於國用，則田荒而兵弱。」頁 27-28。
39　《商君書・慎法篇》，頁 89。

其黨」，而任人舉才將漫無標準。上述這二種非詩書辯慧的
原因，是從負面解讀認為詩書等知識將流於談說，動搖農
戰並結黨營私。

商鞅又以詩書是辯慧的根源，而辯慧為「亂之贊也」[40]，
認為「說者成伍，煩言飾辭，而無實用。」[41]《史記・商君
列傳》有一段記載：

> 秦民初言令不便者，有來言令便者。衛鞅曰：此皆亂
> 化之民也，盡遷之於邊城。其後民莫敢議令。[42]

由上文商鞅反對聽任私議以釋法或廢法，秦民談論法
令便或不便，多將其視為亂化之民而遷往邊城，這與儒家
對人民議政所持的正面態度不同。孔子曾說：

> 天下有道，則庶人不議。[43]

換言之，天下無道則庶人議。所以孔子評子產不毀鄉
校使能議政的善否，曾說：

> 以是觀之，人謂子產不仁，吾不信也。[44]

孔子認為議政具有建設性，與商鞅杜絕人民私議而專
一於農戰的態度迥異。商鞅這種非詩書辯慧以杜絕私議而
導向農戰強國的觀念影響很大，《韓非子》說：

> 商君教秦孝公以連什伍，設告坐之過，燔詩書而明法

---

40 《商君書・說民篇》，頁 21。
41 《商君書・農戰篇》，頁 14。
42 《史記・商君列傳》，頁 893。
43 《論語・季氏篇》，頁 147。
44 《左傳・襄公三十一年》，(晉)杜預注，(唐)孔穎達正義，《春秋左傳
　　正義》，《十三經注疏》(台北：藝文印書館，1985 年出版)，第六冊，
　　頁 689。

令，塞私門之請而遂公家之勞，禁游宦之民，而顯耕
戰之士。[45]

始皇三十四年李斯又奏議「焚書」：

異時諸侯並爭，厚招游學，今天下已定，法令出一，
百姓當家則力農工，士則學習法令辟禁。今諸生不師
今而學古，以非當世，惑亂黔首。丞相臣斯昧死言：
古者天下散亂，莫之能一，是以諸侯並作，語皆道古
以害今，飾虛言以亂實，人善其所私學，以非上之所
建立。今皇帝并有天下，別黑白而定一尊。私學而相
與非法教，人聞令下，則各以其學議之，入則心非，
出則巷議，夸生以為名，異取以為高，率群下以造謗，
如此弗禁，則主勢降乎上，黨與成乎下，禁之便。臣
請史官非秦記皆燒之。[46]

文中李斯奏議焚書乃欲防止「人善其私學」，將「不師
今而學古，以非當世」，有礙國家一統。至於李斯實受商鞅
影響：

至於偶語詩書者弃市，以古非今者族，其端皆自鞅發
之。[47]

然不貴學問以愚民，不令豪傑務學詩書，其流毒至嬴
政，遂大焚詩書百家語，以愚天下黔首，鞅實啟之，

45　《韓非子・和氏篇》，頁 239。
46　《史記・秦始皇本紀》，頁 123。
47　蘇轍，《古史・商君列傳》，《四庫全書》(台北：台灣商務印書館，1986
　　年出版)，史部別史類第 371 冊，頁 525。

> 非特李斯過也。[48]

> 是以盡舍其師荀卿之學，而為商鞅之學。掃去三代先王仁政，而一切取自恣肆以為治，焚詩書，禁學士，滅三代法而尚督責。[49]

上述評論強調商鞅斥詩書，反對議政、禁錮思想在先，而後有李斯諫焚書的文化浩劫，不惜焚詩書，既絕民智又毀棄文化，這種出自政治觀點的愚民政策，欲民無知而致力耕戰，是回歸到「民不可與慮始，而可與樂成」[50]的邏輯裏。藉焚詩書的愚民政策以鞏固耕戰，已犧牲了人權的重要性，尤其與人類求知的本能和需求相悖，誠如胡樸安所說的：

> 以農戰為要務，不思啟發人民之知識，惟愚民以求易使，剝人權太甚。[51]

呂子曾說：

> 盲；使其口可以言，不學，天生人而使其耳可以聞，不學，其聞則不若聾；使其目可以見，不學，其見則不若其言則不若瞽；使其心可以智，不學，其智則不若狂。故凡學非能益之也，達天性也。能全天之所生，

---

48 宋濂，《潛溪後集》卷一〈諸子辯〉，收於《宋濂全集》(浙江：古籍出版社，1999 年出版)，第一冊，頁 141。
49 《惜抱軒文集》卷一〈李斯論〉，姚鼐，《惜抱軒詩文集》(上海：上海古籍出版社，1992 年出版)，頁 5 至 6。
50 《商君書‧更法篇》，頁 2。
51 《商君書解詁定本》，初印本胡序，頁 7。

而勿敗之，可謂善學者矣。[52]

　　上述文意說明人與生具有天官與心官，而有聞、見、言、智等本能活動，商鞅非詩書辯慧對心官的認知判斷已形成約束性，所以有「反智論在法家的系統中獲得最充分的發展」[53]的現象。

第四節　非仁義的崇法政策

　　〈靳令篇〉既列仁義為六蝨之一，又有一段「述仁義於天下」的文字：

> 聖君知物之要，故其治民有至要，故執賞罰以壹輔仁者，心之續也。聖人之治人也，必得其心，故能用力。力生彊，彊生威，威生惠，惠生德。德生於力。聖君獨有之，故能述仁義於天下。[54]

　　此段文字陳述了臻至仁義大道的漸進過程，首先以賞罰輔仁政治理人民，得民心才能運用民力，國有力進而彊大有威勢，威盛人民才感受統治者的恩惠德澤。最後歸結出君主治國的力、彊、威、惠、德等的理想在天下行仁義大道。

52　洪邁，《容齋隨筆》(台北：大立出版社，1981年出版)，下冊，《容齋四筆》卷第三〈呂子論學〉，頁645至646。
53　余英時，《歷史與思想》(台北：聯經出版社，1976年出版)，第20頁。
54　《商君書・靳令篇》，頁48。

　　根據上文則商鞅是否非仁義也出現歧見，不過歷來關於〈靳令篇〉仁義的考辨，或認為是西漢初期的「後人雜湊」而成：

> 所謂「輔仁者，述仁義」，皆顯背商子之旨，可證此篇為雜湊而成者。…德生於力，德非即此言仁義乎？夫此之仁義，商君之仁義也。[55]

　　或認為商鞅言論而加以竄改及附益者。[56]由於〈靳令篇〉「述仁義於天下」一段的思想與商鞅學說「任其力不任其德」[57]的脈絡不符，推測是後人雜湊部分，實不足以推斷商鞅認同仁義。

　　商鞅非仁義的治國方式則是導向了崇尚法治的政策，他曾說：

> 聖王者，不貴義而貴法。法必明，令必行，則已矣。[58]
> 刑治則民威，民威則無姦，無姦則民安其所樂。以義教民則民縱，民縱則亂，亂則民傷其所惡。[59]

　　文中以刑治的強制性和威嚴才能有效去除姦邪，以義來教化人民則人民變得放縱，放縱造成混亂，所謂「正民

---

55 蔣禮鴻，《商君書錐指》(北京：中華書局，1986 年出版)，〈靳令篇〉案語，頁 82。

56 賀凌虛，《商君書今註今譯》(台北：商務印書館，1988 年出版)，〈商君書及其基本思想析論〉，頁 118 至 221。

57 《商君書·錯法篇》，頁 40。

58 《商君書·畫策篇》，頁 68 至 69。

59 《商君書·開塞篇》，頁 33。

者，以其所惡，必終其所好；以其所好，必敗其所惡。」[60]
「所惡」指人民所厭惡的刑罰治理人民，「所好」指人民所
喜愛的仁義治理人民，也就是「吾所謂刑者，義之本；而
世所謂義者，暴之道也。」[61]的意思。

在商鞅學說中「義」已轉化為人民縱亂的條件，而此
種轉化與其學說中的人性看法和歷史演進契合。他曾說：

> 仁者能仁於人，而不能使人仁；義者能愛於人，而不
> 能使人愛。是以知仁義之不足以治天下也。聖人有必
> 信之性，又有使天下不得不信之法。所謂義者，為人
> 臣忠，為人子孝，少長有禮，男女有別；非其義也，
> 餓不苟食，死不苟生。此乃有法之常也。聖王者，不
> 貴義而貴法，法必明，令必行，則已矣。[62]

上述引文以為仁者、義者能仁於人、愛於人，然而人
性無明，所以不能使人仁、使人愛，仁義治國只是理想。
義，就是做人臣的忠誠、做人子的孝順、少長之間有禮、
男女之間有別，之所以不合乎義理的餓了也不苟且就食，
就是將要死亡也不苟且偷生，這是因為「法」所定立的常
軌。所以稱為聖王的人不重視義而重視法，主張以法治民，
藉法的強制力才能使人必忠、必孝、必禮、必有別。商鞅
的論述已忽略「舜何人也？予何人也？有為者亦若是。」[63]

---

60 《商君書‧開塞篇》，頁 33。
61 《商君書‧開塞篇》，頁 33。
62 《商君書‧畫策篇》，頁 68。
63 《孟子‧滕文公上》，頁 88。

的普遍性，而且倘若人性無明，則何以有仁者、義者的存在呢？可見其說已有矛盾現象。

由上所述商鞅純然的以法御民的思想，已否定人性的向上超拔能力，為強調此觀念，他舉例說：

> 離朱見秋毫百步之外，而不能以明目易人；烏獲舉千鈞之重，而不能以多力易人。夫聖人之存體性，不可以易人，然而功可得者，法之謂也。[64]

其文意以離朱可見百步外的秋毫之末和烏獲能舉三萬斤重量，此特殊才能卻不能使他人目明，也不能使他人力大，譬喻聖人的仁心如同離朱、烏獲並不能變化他人，藉此排除「我欲仁，斯仁至矣。」[65]的可行性。進一步肯定「功可得者，法之謂也。」[66]因為「刑治則民畏威，民畏威則無姦。」[67]著重人民畏威的心理。據此，顯然其所論及的人性本質，並未進入道德層面觀察。商鞅說：

> 民之性，饑而求食，勞而求佚，苦則索樂，辱則求榮，此民之情也。[68]
> 羞辱勞苦者，民之所惡也；顯榮佚樂者，民之所務也。夫人性好爵祿而惡刑罰。[69]

---

64 《商君書・錯法篇》，頁 40。
65 《論語・述而篇》，頁 64。
66 《商君書・錯法篇》，頁 40。
67 《商君書・開塞篇》，頁 33。
68 《商君書・算地篇》，頁 26。
69 《商君書・錯法篇》，頁 38。

民之欲富貴也，共闔棺而後止。[70]

民之於利也，若水於下也，四旁無擇也。[71]

以上引文申述人有求食、求安樂以及求顯榮的不同層次需求，求生求食是維持生存的本能，但並非因此而滿足，而後有求安樂、求顯榮的欲求，且罕能知足知止，「若水於下」「共闔棺而後止」的趨向自利。又說：

民生則計利，死則慮名。…民之生，度而取長，稱而取重，權而索利。[72]

上述是從計慮心的角度衡量，以為人性往往利之中取大，害之中取小，生時求利，死則求名。商鞅從經驗立場觀察人性多有追求己利現象，但並不思考如何提昇人性，更進而運用自利人性，以刑罰使民趨利避害致力農戰，他說：

夫人情好爵祿而惡刑罰，人君設二者以御民之志，而立所欲焉。[73]

又說：

二者，立本。而世主莫能致力者，何也？…今欲驅其民，…臣以為非劫以刑，而驅以賞莫可。[74]

至於游士、商賈、技藝之士皆可獲利，但與國家尚力的前提相悖，所以主張「塞私道以窮其志，啟一門以致其

---

70 《商君書·賞刑篇》，頁 63。

71 《商君書·君臣篇》，頁 85。

72 《商君書·算地篇》，頁 28。

73 《商君書·錯法篇》，頁 39。

74 《商君書·慎法篇》，頁 90。

欲。」[75]「啟一門」指啟農戰一途，凡游士、商賈、技藝之
士等都在排斥之列，只獎耕戰，使「利出於地，則民盡力；
名出於戰，則民致死。」[76]

　　商鞅強調人性貪得樂進的一面而以賞罰役民，與儒家
肯定人性的光明面不同。孔子說：

> 為仁由己，而由人乎哉？[77]

> 仁遠乎哉？我欲仁，斯仁至矣。[78]

　　孔子言「為仁由己」即行仁由心的自覺而發動，不假
外求，是以「心」為道德端緒的發露處。孟子承孔子的仁
心，提出人有仁義禮智諸善端：

> 人皆有不忍人之心，……今人見孺子將入於井，皆有
> 怵惕惻隱之心。非所以內交於孺子之父母也，非所以
> 要譽於鄉黨朋友也，非惡其聲然也。由是觀之，無惻
> 隱之心，非人也；無羞惡之心，非人也；無辭讓之心，
> 非人也；無是非之心，非人也。惻隱之心，仁之端也。
> 羞惡之心，義之端也。辭讓之心，禮之端也。是非之
> 心，智之端也。[79]

　　文中孟子以見孺子將入於井為例，證明人有惻隱之
心，在剎那間，未考慮利害得失的急切情形下，呈現出了
怵惕惻隱之心。所以自覺應救助孺子，不受是否內交於孺

75　《商君書・說民篇》，頁 23。
76　《商君書・算地篇》，頁 27。
77　《論語・顏淵》，頁 106。
78　《論語・述而》，頁 64。
79　《孟子・公孫丑上》，頁 65 至 66。

子父母或譽於鄉黨朋友等外在因素的影響。這是自覺人性本善，不待於外，並從善端處擴充，則仁、義、禮、智即可呈露。所以孟子又說：「仁義禮智非由外鑠我也，我固有之也，弗思耳矣。」[80]能思即能反省，主張本心之善，此為人禽相異之處，也是成聖成賢的基礎。

而後荀子有性惡之說：

> 人之性惡，其善者偽也。[81]

是從「生而有好利焉」、「生而有疾惡焉」、「生而有耳目之欲有好聲色焉」[82]等欲求上言人之性惡，但仍肯定人的向上心，他說：

> 生之所以然者謂之性，…性之好惡喜怒哀樂謂之情，情然而心為之擇謂之慮，心慮而能為之動謂之偽。慮積焉，能習焉，而後成謂之偽。[83]

文中是將心獨立於性之外，透過心知，仍可化性起偽，積偽成聖。孔孟荀肯定人性，而商鞅無視道德心靈的需求，使人性更加黑暗。

商鞅重視刑法的作用除受自利人性觀念影響外，與其歷史不可復的演進觀念也有關，〈開塞篇〉將社會的形成分為上世、中世、下世三階段，[84]每一階段隨時勢需要而轉變，

80　《孟子·告子上》，頁 195。
81　《荀子·性惡篇》，王先謙，《荀子集解》(北京：中華書局，1988 年出版)，頁 434。
82　同上註。
83　《荀子·正名篇》，同註 81，頁 412。
84　《商君書·開塞篇》，頁 31。「上世親親而愛私，中世上賢而說仁，下

所以說「民道弊而所重易也,世事變而行道異也。」[85]而因應時移勢異的最好方式是:「不法古,不修今,因世而為之治,度俗而為之法。」[86]至於當今世俗產生如何的變化?又該如何因應呢?他說:

> 神農教耕而王天下,師其知也;湯武致彊而征諸侯,服其力也。今世巧而民淫,方倣湯武之時,而行神農之世,以隨世禁,故千乘惑亂。[87]

文中以神農時運用智慧可統有天下,湯武時期以力量可臣服人臣,而當今世人民知巧淫佚,較前世更為混亂。顧炎武曾說:「春秋時,猶尊禮重信,而七國則絕不言禮與信矣。春秋時,猶宗周室,則七國則絕不言王矣。春秋時,猶言祭祀、重聘享,而七國則無其事矣。春秋時猶論宗姓氏族,而七國則無一言及之矣。春秋時,猶宴會賦詩,則七國則不聞矣。邦無定交,士無定主。此皆變於一百三十三年之間,史之闕文,而後人可以意推者也。不待始皇之一并天下,而文武之道盡矣。」[88]戰國時代「文武之道」已盡,商鞅因而崇尚法治,主張:

世貴貴而尊官」,「親親而愛私」指愛護親人追求私利,偏私而區別人我,所以說「親親則別,愛私則險」。「上賢而說仁」指進入崇尚賢人時期,建立公正無私的原則而愛人利人,是上世爭取私利的修正。「貴貴而尊官」指尊重高位和重視官吏,以尚賢行仁無強制規定,「久而相出為道,則有亂」,因而進入尊崇高位的時期。

85　《商君書・開塞篇》,頁 32。
86　《商君書・壹言篇》,頁 37。
87　《商君書・算地篇》,頁 28。
88　顧炎武,《日知錄》(台北:商務印書館,1978 年出版),卷十三〈周末風俗〉,第三冊,頁 38。

> 故有明主忠臣產於今世，而能領其國者，不可以須臾
> 忘於法。[89]

上述商鞅對人性觀和歷史觀的認知前提下，忽略仁治且崇尚法治成為學說的歸趨和治國原則。〈之罘刻石〉記載：「普施明法，經緯天下。永為儀則。大矣哉！宇縣之中，承順聖意。」[90]顯然秦始皇以法令為平治天下標準，實則已奠基於商鞅的變法。

第五節　非孝弟、誠信、慈廉、善修的獎告姦特色

孝弟、誠信、慈廉、善修諸項，屬於家庭倫理及品德修為，列此諸德目為六蝨，是刻意忽視道德的價值。其輕忽孝弟諸道德的原因，依據他說：

> 用善則民親其親，任姦則民親其制，合而復之者，善也，別而規之者，姦也。[91]

文中的「善」指善良人民，用善是用治理善良人民的方法治民，即以孝弟等道德教化民眾，人民將親其親，並「合而復之」。「復」是遮蓋的意思，「合而復之」是人民相

89　《商君書・慎法篇》，頁 89。
90　《史記・秦始皇本紀》，頁 121。
91　《商君書・說民篇》，頁 21。

連合而互相隱匿過失,「亦即儒家所主張的為親者諱」。[92]「姦」指姦民,任姦是用治理姦民的方法治民,即以法治規範民眾,則「別而規之」。「規」是以法正人的意思,「別而規之」是人民不互相連合而互相以法正之,即「商鞅行告姦之法,令民各須告姦而以法正之。」[93]由上述推知,非孝弟等倫理觀念的動機,著重在避免私親關係掩非飾過而以私害公。所以他說:

> 故至治,夫妻交友不能相為棄惡蓋非,而不害於親,民人不能相為隱。[94]

> 親昆仲有過不違,而況疏遠乎?[95]

上文說明理想政治是夫妻、朋友、親兄弟間也不能相互隱過。換言之,親屬利益與國家利益相衝突,應勇於糾舉親人的過失以維護法治。《韓非子》承其觀點並舉例說明:

> 楚之有直躬,其父竊羊而謁之吏。令尹曰:「殺之」,以為直於君而曲於父,報而罪之。以是觀之,夫君之直臣,父之暴子也。魯人從君戰,三戰三北,仲尼問其故,對曰:「吾有老父,身死莫之養也。」仲尼以為孝,舉而上之。以是觀之,夫父之孝子,君之背臣也。故令尹誅而楚姦不上聞,仲尼賞而魯民易降北,

---

92 賀凌虛,《商君書今註今譯》(台北:商務印書館,1987 年出版),頁 49。
93 同上註,引陳啟天《商君書校釋》的說法。
94 《商君書‧禁使篇》,頁 87。
95 《商君書‧賞刑篇》,頁 62。

> 上下其利若是其異也。而人主兼舉匹夫之行，而求致
> 社稷之福，必不幾矣。[96]

　　文中以「直躬之父竊羊」和「魯人三戰三北」的例子
論述生活中孝弟等倫理與法治的衝突。在法家強兵富國的
前提下，親其親、長其長的孝弟等觀念影響了法的制約效
力。商鞅因而制定獎告姦的連坐制度：

> 令民為什伍，而相牧司連坐，不告姦者，腰斬；告姦
> 者，與斬敵首同賞；匿姦者，與降敵同罰。[97]
> 守法守守之吏有不行王法者，罪死不赦，刑及三族。
> 周官之人，知而訐之上者，自免於罪，無貴賤，尸襲
> 其官長之官爵田祿。[98]

　　文中的「令民為什伍，而相牧司連坐」可見戶口採用
軍民一體的什伍編制，使民便於監督，告發姦邪予以重賞，
不舉發則行重罰。在《雲夢秦簡》也有處罰不告姦的簡文：
「夫有辠(罪)，妻先告，不收。」[99]是丈夫有罪，妻子告官
得免連坐。「百姓不當老，至老時不用請，敢為酢(詐)偽者，
貲二甲；典老弗告者，各貲一甲；伍人戶一盾，皆 (遷)之。」
[100]對於隱匿人口有礙賦徭征收，典老和同伍之人不告姦也
受連坐處罰而貲一甲，不論是夫妻關係或鄰里關係均有告
姦不得隱過的責任。

96　《韓非子・五蠹篇》，頁 1057。
97　《史記・商君列傳》，頁 892 至 893。
98　《商君書・賞刑篇》，頁 61。
99　〈法律答問〉，〈文物〉1976 年第八期，雲夢秦墓竹簡釋文。
100　〈秦律雜抄〉，同上註。

去私恩有罪必罰，不因親疏而掩過蓋非，此思維已毀
壞孝弟的自然人倫天性，章炳麟說：

　　吾所為澁鞅者，則在於詆詩書，毀孝弟而已。[101]

陳澧說：

　　鳴呼！禮樂詩書仁義不必論矣。若孝悌，則自有人類
　　以來，未有不以為美者，而商鞅以為蟊，以為必亡必
　　削，非梟獍而為此言哉！親親尊尊之恩絕矣，車裂不
　　足蔽其辜也。[102]

上述引文陳澧評商鞅以孝弟為蟊是「親親尊尊之恩絕
矣」，如同司馬遷評法家「不別親疏，不殊貴賤，一斷於法。」
[103]之義，撤底損害「列君臣父子之禮，序夫婦長幼之別」[104]
的人文涵養。

儒家是容許「父為子隱，子為父隱」[105]，父或子犯罪，
子女或父母可不作證人不供證詞。例如：

　　桃應問曰：「舜為天子，皋陶為士，瞽瞍殺人，則如
　　之何？」孟子曰：「執之而已矣！」「然則舜不禁與？」
　　曰：「夫舜惡得而禁之！夫有所受也」「然則舜如之
　　何？」曰：「舜視天下，猶棄敝蹝也。竊負而逃，遵

---

101 (清)章太炎著、徐復注，《訄書詳注》(上海：上海古籍出版社，2000
　　年出版)，〈商鞅第三十五〉，頁 577。
102 (清)陳澧，《東塾讀書記》(台北：商務印書館，1975 年出版)，卷十
　　二，頁 211。
103 《史記‧太史公自序》，頁 1368。
104 《史記‧太史公自序》，頁 1367。
105 《論語‧子路篇》，頁 118。

海濱而處，終身訢然，樂而忘天下。」[106]

此章是孟子師生假設的問答，舜做天子，皋陶做士，倘若瞽瞍殺人，皋陶執法補人，不因天子的父親犯了法，而禁司法官員的拘捕。舜則私下背負父親逃走，棄天下如同丟掉一雙破草鞋般。儒家強調了行法不宜導致對倫理道德的否定，現代律法也有相似的人文內涵，如刑事訴訟法：「現為或曾為被告或自訴人之配偶，五親等內之血親，三親等內之姻親或家長、家屬者，得拒絕證言。」[107]商鞅重法務民告姦，即使夫妻兄弟關係亦無例外，有違倫常。

第六節　非非兵、羞戰的強國思想

商鞅以非兵、羞戰為蝨，必然是主張兵和戰，他說：

戰事兵用曰彊，戰亂兵息而國削。[108]

名尊地廣以至於王者，何故？戰勝者也。名卑地削以至於亡者，何故？戰罷者也。[109]

上述的主戰思想可以在戰國時期列強環伺併吞的情勢中，以作戰爭勝得免於滅亡，商鞅為鼓勵軍民攻戰進而有

---

106 《孟子・盡心上篇》，頁 240 至 241。
107 刑事訴訟法第一八０條，施茂林、劉清景主編，《最新實用六法全書》（台北：大偉書局，1986 年出版），頁 521。
108 《商君書・去彊篇》，頁 16。
109 《商君書・畫策篇》，頁 65。

「壹賞」[110]和「壹教」[111]的獎勵標準，以「有軍功者，各以率受上爵」[112]來獲得財富和提升地位。《商君書》即載軍爵有一至十六級[113]，《漢書・百官公卿表》記載秦有爵二十級，也是在商鞅軍爵的基礎上架構而成。秦二十爵制[114]：

> (一)軍隊中官、兵的等級身分。軍隊中地位最低的兵叫「小夫」，沒有爵位的。(二)一級公士，就是「步卒之爵」者(劉邵〈爵制〉)；二級上造，是可以「乘兵車」的(《漢舊儀》)；三級簪裊，是可以「御駟馬」的，「簪裊」是「以組帶馬」的意思(《漢書・百官公卿表、顏注》)；四級不更，「主一車四馬」(《漢舊儀》)，「不豫更卒之事」(《漢書・百官公卿表、顏注》)，平時免除更役，編入軍隊後也還屬於「卒」的性質。(三)五級大夫以上，才是官長、將師。(四)第八級公乘，是「得乘公家車」的。(《漢書・百官公卿表、顏注》)(五)第十二級到第十四級便稱「更」，「更言主領更卒，部其役使也。」(《漢書・百官公卿表、顏注》)

---

110 《商君書・賞刑篇》說：「所謂壹賞者，利祿官爵搏出於兵，無有異施也。」頁 90。

111 《商君書・賞刑篇》說：「所謂壹教者，博聞辯慧，信廉禮樂，修行群黨，任譽清濁，不可以富貴，…然富貴之門，要在戰而已矣。」頁 59。

112 《史記・商君列傳》，頁 893。

113 《商君書・境內篇》，頁 71 至 73。

114 楊寬，《戰國史》(台北：台灣商務印書館，1997 年增訂版)，頁 250 至 251。

而論功行賞的辦法有四項要點：[115]

(一)一級公士不必有軍功，是秦軍的恩賜。(二)二級上造、三級簪裊和四級不更，便全憑個人戰功而晉升，原則上是依照韓非所述商君之法斬一首爵一級的方式。(三)第四級以後則不能按此方法晉升，須擔任屯長或百將，而所率領的部隊在一次戰役中獲得三十三首，才得以晉爵。(四)除上述外，又有能得甲首一者，賞爵一級，並益以田宅、庶子的辦法。此因「甲首」與一般斬首不同，他是個行伍的首腦，斬獲困難，故得厚賞。

「按照《秦律》規定，在一定範圍內，爵位可以用來贖免自身或家人奴隸的身分，犯罪時還可以按爵位高低在一定範圍內減輕刑罰；如果死去，爵位每高一級，他的墳墓上就多種一棵樹。總之，從第一級到第二十級，各級都有相應的政治、經濟特權，如做官、取得土地、田宅、奴隸，享用食邑上的租稅、贖身、減輕刑罰，以致死後植樹封墓等等，並且用法律形式規定下來。」[116]軍功的內容和鼓舞作用之大，並不是韓非所說「斬一首者爵一級」[117]所能涵蓋。

商鞅不僅訂定軍爵制度，本身也是一位善戰的兵家，

---

115 杜正勝，〈從爵制論商鞅變法所形成的社會〉，收錄《中研院歷史語言研究所集刊》第五十六本第三分。
116 同上註。
117 《韓非子・定法篇》，頁907。

《史記》本傳有欺魏卬之役：

> 商鞅說孝公曰：「秦之與魏，譬若人之有腹心疾，…」
> 孝公以為然，使衛鞅將而伐魏。魏使公子卬將而擊
> 之。…會盟已飲，而衛伏甲士而襲虜魏公子卬，因攻
> 其軍，盡破之以歸秦。[118]

《荀子·議兵篇》也說：「故齊之田單、楚之莊蹻、秦
之衛鞅、燕之繆蟣，是皆世俗之所謂善用兵者也。」[119]陳
啟天又說：「商鞅以法家而兼兵家，曾任大將，戰勝攻取；
初主變法，繼乃親征，即是實行〈戰法〉和〈立本〉兩篇
的主張。」[120]

至於商鞅重戰尚首功的目標在強國而非強民，他說：

> 不勝而王，不敗而亡，自古及今，未嘗有也。[121]

其文意說明強兵重戰在取得霸業，尚首功是鼓勵人民
爭戰的方法，在軍爵的鼓舞利誘之下，秦兵戰鬥力必然增
強，如「秦獻公二十一年與晉戰，斬首六萬；孝公八年與
魏戰，斬首七千；惠文王八年與魏戰，斬首四萬五千；後
七年，與韓、趙戰，斬首八萬。」[122]數字很驚人，反應了
重戰策略的成效。蔡澤對應侯說：

---

118 《史記·商君列傳》，頁894。王曉波說：「欺魏將卬是兵不厭詐，這
　　應該是商君的善用兵。」王曉波，《先秦法家思想史論》(台北：聯經
　　文化事業公司，1991年出版)，頁155。
119 《荀子·議兵篇》，同註81，頁276。
120 陳啟天，《商鞅評傳》(台北：商務印書館，1986年出版)，頁128。
121 《商君書·畫策篇》，頁65。
122 (清)孫楷撰、徐復訂補，《秦會要訂補》(北京：中華書局，1959年出
　　版)，卷十八〈上首功〉，頁297。

> 夫商君為孝公平權衡、正度量、調輕重，決裂阡陌，
> 教民耕戰，是以兵動而地廣，兵休而國富，故秦無敵
> 於天下，立威諸侯。[123]

　　文中肯定兵戰是樹立秦孝公霸業的重要項目之一，也可見商鞅對於秦的貢獻和影響。

第七節　小　結

　　總上所述，商鞅所界定的禮樂是奢靡淫佚的末流，藉由否定「淫佚之徵」的禮樂，以偏概全的全盤排除了儒家的禮樂制度和精神，而提出了「攻」「戰」的治國政策訴求。以詩書是知識的主要來源，將助成人民談說的智慧動搖農戰或結黨營私，所以由非詩書而斥「五民」，減少私議以穩定農戰的推行。而仁義治民他認為是「暴之道」，在人性本體不存在仁心以及歷史演進不復的觀念基礎上，於是忽略了仁治而崇尚法治。他又認為孝弟諸德有以私害公的可能，為避免私親關係掩過飾非，以孝弟等倫理道德為蝨，試圖建立告姦和連坐制度的合理性，來維護法治運作的現象。至於以非兵、羞戰為蝨，則在強化重戰的思想。

　　以上《商君書》六蝨說的重要理念，一是穩定農戰和

123　《戰國策・秦策三・蔡澤見逐於趙》，溫洪隆注釋、陳滿銘校閱，《新
　　譯戰國策》(台北：三民書局，2004 年出版)，上冊，頁 168。

崇尚法制的政策，二是營造儒家詩書禮樂仁義等思維與法治、農戰的衝突和不相容。　由商鞅對於儒學的評論，可推知其起初以帝道王道遊說秦孝公只是浮詞議說罷了，並非對儒學有卓見，行王道亦非其所欲為，司馬遷即說：

> 跡其欲干孝公以帝王術，挾其浮說，非其質矣。[124]

《商君書》亦說：

> 前世不同教，何古之法？帝王不相復，何禮之循？[125]
> 古有堯舜，當時而見稱；中世有湯武，在位而民服。此三王者，萬世之所稱也。以為聖王者也。然其道猶不能取用於後。[126]

文中表達不願蹈襲商湯文武遺教的心態。至於《史記‧商君列傳》記載商鞅為秦孝公所用的始末中，商鞅曾說：「吾說君以帝王之道比三代，而君曰久遠，吾不能待。且賢君者，各及其身顯名天下，安能邑邑待數十百年以成帝王乎？故吾以強國之術說君，君大悅之耳，然亦難以比德於殷周矣。」[127]其中「難以比德於殷周」一語，可能對商鞅行彊國之術的本意產生誤導。有關「難以比德於殷周」的解釋說明於下：[128]

> 「殷」指嚴罰。殷有罰，《尚書》、《荀子》、《韓非子》、

124　《史記‧商君列傳》太史公曰，頁 896。
125　《商君書‧更法篇》，頁 3。
126　《商君書‧徠民篇》，頁 57。
127　《史記‧商君列傳》，頁 892。
128　蔣禮鴻，《商君書錐指》(北京：中華書局，1986 年出版)，敘文。

《禮記》皆有記載。所以比殷道，是刑欲極其峻。「周」
指尚力。因湯武逆取天下，故比周道，是法其力征兼
併。

　　事實上「難以比德於殷周」仍不脫嚴刑峻法與行武尚
力的一貫彊國術。

　　從商鞅富國強兵的貢獻上，可看出商鞅獨特的智慧和
勇氣。詩書禮樂在春秋戰國時已是一普遍的人文化育意
涵，《國語》《春秋左氏傳》等書中都有時人肯定詩書禮樂
政治和教化作用的言論記載。[129]商鞅不同時代風氣，而提
倡農戰厚植國力和尚法治國，尤其提出「六蝨說」完全摒
除詩書禮樂，商鞅的獨創性和魄力不得不令人佩服。

　　若從商鞅六蝨說形成的「椎魯之風」來看，[130]儘管在
政治上有創造性的成果，至於其曲解或忽略歷史人文教化
的價值，失去人文本源，正如蘇軾所說的：「商君之法，使
民務本力農，勇於公戰，怯於私鬥，食足兵強，以成帝業。

129　《國語‧楚語上》記載：「莊王使士亹傅太子箴，…問於申叔時，叔
　　時曰：『教之春秋，而為之聳善而抑惡焉，以戒勸其心，…教之詩，
　　而為之導廣顯德，以耀明其志；教之禮，使知上下之則；教之樂，
　　以疏其穢而鎮其浮。』」《四部叢刊正編》(台北：商務印書館，1979
　　年出版)，第十四冊，頁 122。《春秋左氏傳‧僖公二十七年》記載：
　　「狐偃曰：『楚始得曹而新昏於衛，楚必救之。則齊宋免矣？』於是
　　乎蒐于被廬，作三軍，謀元帥。趙衰曰：『郤縠可，臣亟聞其言矣。
　　說禮樂而敦詩書。詩書，義之府也；禮樂，德之則也；德義，利之
　　本也。…』君其試之。」《春秋左傳正義》，《十三經注疏》(台北：藝
　　文印書館，1985 年出版)，第六冊，頁 267。
130　唐慶增說：「借法令力量，以從事於愚民，主張不免過偏，…其結果
　　足以絕民智，養成椎魯之風，此其流弊一。」唐慶增，《中國經濟思
　　想史》(台北：商務印書館，1936 年出版)，頁 279。

然其民見刑而不見德，知利而不知義。」[131]這種排斥詩書
禮樂教化的愚民政策以鞏固耕戰，完全是為鞏固國君地位
而犧牲了人權求知的本能，已是集權思想的雛形。

---

131 蘇軾，《蘇軾文集》(湖南：岳麓書社，2000 年出版)，〈進論·商君
功罪〉，頁 102。

第四章　韓非尊君學說的傳承與開展

第一節　前　言

　　法家人物思路不盡相同，有的強化君主對權利的操持和控制，有的側重君主個人對官僚體系的運作，有的則致力於法律的絕對性。不過，基本上有一個共通點：就是注重國君的實際效益。所以法家學說發展到韓非有「事在四方，要在中央，聖人執要，四方來效」[1]的論點，與儒家「君者，何也？曰：能群也。能群也者何也？曰：善生養人者也，善班治人者也，善顯設人者也，善藩飾人者也。」[2]的觀點有極大程度的差異。司馬遷說韓非「喜刑名法術之學，而其歸本於黃老」[3]所以本文就韓非融合申不害、慎到、商鞅的刑名法術學說和黃老學說等部分，探討韓非在確立君臣秩序上的思想發展。

1　《韓非子‧揚權篇》，頁 121。
2　《荀子‧君道篇》，王先謙，《荀子集解》(北京：中華書局，1988 年出版)，頁 237。
3　《史記‧老子韓非列傳》，頁 856。

第二節　韓非融合的刑名法術學說

一、申不害的影響—虛靜無為與刑名

　　申不害學說重心在「術」，不僅是韓非所稱之「法術之士」，歷代亦有「申商」或「申韓」之並稱。其生卒年依錢穆考證，生年當在「周威烈之末，安王之初，年壽在六十七十之間。」約當西元前四〇〇年至西元前三三七年。[4]

　　從現存有限的《申子》殘文，申子理論幾乎是為國君而設的政論。《群書治要》所引《申子·大體篇》說：

> 明君如身，臣如手；君若號，臣如響；君設其本，臣操其末；君治其要，臣行其詳；君操其柄，臣事其常。[5]

　　文中以人君為施政主體及軸心，而人臣是副體，強調

4　《史記·老子韓非列傳》：「申不害者京人也，故鄭之賤臣，學術以干韓昭侯，昭侯用為相…十五年，終申子之身，國治兵強，無侵韓者。」頁 856。《史記·韓世家》：「八年申不害相韓，修術行道，國內以治，諸侯不來侵伐。」頁 724-725。推知申不害相韓在昭侯八年至二十二年。又《史記·韓世家》：「魏武侯二十一年，韓滅鄭，哀侯入於鄭。二十二年，晉桓公邑哀侯於鄭。韓山堅賊其君哀侯而韓若山立。」《索隱》引《紀年》「若山即懿侯」，韓滅鄭在魏武侯二十一年。申不害初任故鄭賤臣，又鄭滅於魏武侯二十一年，錢穆據此推算申子相韓(昭侯八年)拒鄭滅已二十一年。則其生年在周威烈王之末，壽在六十七十之間。參見錢穆，《先秦諸子繫年》(台北：東大圖書公司，1986 年出版)，頁 238 及頁 617。

5　《申子·大體篇》，(唐)魏徵等編撰、呂效祖點校，《群書治要》(廈門：鷺江出版社，2004 年出版)，頁 589。

君臣的主從地位。為確保君主的地位，提出了「術」的重要性。錢穆說：

> 申子以賤臣進，其術在於微視上之所說以為言，而其所以教上者，則在使其下無以窺我之所喜悅，以為深而不可測。夫而後使群下得以各竭其誠，而在上者乃因材而器使，見功而定賞焉。[6]

依上文錢穆所述申子有「術」的主張是與其本人善於「微視上之所說以為言」，也就是能把握君意有關。此說法可與《戰國策》記載的事蹟相互參證：「魏之圍邯鄲也，申不害始合於韓王，然未知王之所欲也。恐言而未必中於王也。王問申子曰：『吾誰與而可？』…(申子)乃微謂趙卓、韓晁曰：『子皆國之辯士也，夫為人臣者，言可必用，盡忠而已矣』。二人各進議於王以事。申子微視王之所說以言於王，王大說之。」[7]記載了申不害具高明微視工夫，假藉趙卓、韓晁二位辯士於昭侯前表示不同意見，而後視昭侯意向進說。也由於申不害有善於透析君主心意的經驗，之後即教導昭侯如何防範臣下的窺伺、欺蒙。所以「使其下無以窺我之所喜悅」使「臣下得以各竭其誠」。

換言之，術有「藏好惡」的特點，[8]至於要如何隱藏好惡呢？韓非說：

---

6 錢穆，《先秦諸子繫年》，同註 4，頁 239。
7 《戰國策》卷二十六〈韓策一・魏之圍邯鄲〉，溫洪隆注釋、陳滿銘校閱，《新譯戰國策》(台北：三民書局，2004 年出版)，下冊，頁 791。
8 姚蒸民，《法家哲學》(台北：東大圖書公司，1986 年出版)，頁 62-66。

> 上明見，人備之；其不明見，人惑之。其知見，人惑
> 之；不知見，人匿之。其無欲見，人司之；其有欲見，
> 人餌之。故曰：吾無從知之，惟無為可以規之。[9]

上列文意申子是說君主明察官吏就會防備他，君主不明察官吏就會困惑他；君主顯露智慧官吏就增飾華美，君主顯露沒智慧官吏就隱匿姦邪；君主顯露沒有嗜欲官吏就窺察他；君主顯露有嗜欲官吏就引誘他，所以無法盡知官吏適應君主的種種方法。「惟無為可以規之」，主張只有清靜無為可以避免他們的揣摩。他又說：

> 善為主者，倚於愚，立於不盈，設於不敢，藏於無事；
> 竄端匿疏，示天下無為。是以近者親之，遠者懷之。
> 示人有餘者，人奪之；示人不足者，人與之。剛者折，
> 危者覆，動者搖，靜者安。[10]

文中說明無為建立在愚、不盈、不敢及無事上。若此，才能「示天下無為，是以近者親之，遠者懷之。」如同老子所說：「聖人處無為之事，行不言之教，萬物作焉而不辭。」[11]的境界。《呂氏春秋‧任數篇》就申子所言進而說明：

> 古之王者，其所為少，其所因多。因者，君術也；為
> 者，臣道也。為則擾矣，因則靜矣。因冬為寒，因夏
> 為暑，君奚事哉？[12]

---

9 《韓非子‧外儲說右上篇》引申子之言，頁 728。
10 同注 5，頁 589。
11 《老子》第二章，嚴靈峰，《老子達解》(台北：華正書局，1983 年出版)，第二章，頁 13。
12 《呂氏春秋‧審分覽第五‧任數》，許維遹，《呂氏春秋集釋》(北京：

　　文中提出「靜」而「不作」的原則在「因」,「因者,君術也」,也就是所謂的「因冬為寒,因夏為暑」,即法「虛靜無為」、「法自然」[13],所以太史公將老莊與申子同傳。

　　不同於老子之處是申不害的君主無為,但「使其臣並進輻湊」[14],人臣為國君所用,又要避免大臣弄權,以成就國君的獨治,遂主張藉無為來成就國君的極端有為。此即韓非所說:「術者,藏之於胸中,以偶眾端,而潛御群臣者也。」[15]又為防止臣下越權,因而衍生循名責實之說配合術論,以方便政治運作。申子曾說:

> 昔者堯之治天下也以名,其名正則天下治;桀之治天下也亦以名,其名倚而天下亂。是以聖人貴名之正也。主處其大,臣處其細。[16]
>
> 名者天地之綱,聖人之符,張天地之綱,用聖人之符,則萬物之情無所逃之矣。[17]

　　基本上,運用語言文字為事物命名,名號一制定,意義隨之產生,名實即緊密相連。在「名」的統攝下,一切事物皆有定位。先秦諸家除道家外,多有要求用名以指實,

---

中華書局,2009 年出版),頁 447。

13　王曉波,《先秦法家思想史論》(台北:聯經出版社,1991 年出版),頁 219。

14　《申子‧大體篇》:「夫一婦擅夫,眾婦皆亂;一臣專君,群臣皆蔽。故妒妻不難破家也,亂臣不難破國也。是以明君使其臣並進輻湊,莫得專君焉。」同註 5,頁 589。

15　《韓非子‧難三篇》,頁 868。

16　《申子‧大體篇》,同註 5,頁 590。

17　同註 5,頁 589。

但為配合學說特色，對名的側重點各不相同。法家講刑名，
王鳴盛說：「刑非刑罰之刑，與形同，古字通用。刑名猶言
名實。」[18]也就是說，刑是現象，名是稱謂。運用在政治上，
君主應考量官吏的形與名是否相符，可避免人臣越權或失
職的偏失。

　　當然申子的名實觀點影響了韓昭侯，此由《韓非子》
載韓昭侯醉而寢，典冠見昭侯寒而加衣，韓昭侯醒，罪典
冠及典衣一事可得知。[19]典衣及典冠主管君主冠服等事，處
罰典冠是認為他超越了職權，處罰典衣是認為他疏忽了該
作的事情，官吏不能超越官職而立功績。此例可說是人君
循名實的徹底實踐。

　　韓非的「術」論承自申不害，他在〈定法篇〉檢討了
「術」的優缺點，評申不害任術，卻不統一韓國法令，由
於前後令抵觸，徒有術也無法開創新局，又治不踰官雖為
優點，但知而弗言，人主無法得知屬下是否忠忱，亦為其
缺失。[20]所以韓非對術的修正是：術法並重，而重視督責
考核的功能，使「有功，則君有其賢，有過，則臣任其
罪。」[21]

　　因此，韓非一方面認為「術者，藏之於胸中，以偶眾
端，而潛御群臣者也。」[22]國君不宜表現好惡和智巧，以避

18　《史記・老子韓非列傳》，瀧川資言考證引王鳴盛言，頁 856。
19　《韓非子・二柄篇》，頁 112。
20　《韓非子・定法篇》，頁 906-907。
21　《韓非子・主道篇》，頁 67。
22　《韓非子・難三篇》頁 868。

免臣下偽飾欺蒙，應該藉臣下才智以目視聽聞[23]，而不必事事躬親。他說：

> 人主之道，靜退以為寶，不自操事而知拙與巧，不自計慮而知福與咎。是以不言而善應，不約而善增。[24]

文中主張君主有無為的「術」，則可「身在深宮之中而明照四海之內」，[25]所以說「靜退以為寶」，以無為之術鞏固了君權。[26]

同時，韓非又認為「術者，因任而授官，循名而責實，操殺生之柄，課群臣之能者也。」[27]人臣以才智盡能效忠安守職分，由術的「循名責實」，操賞罰權柄來督責考核官吏。所以韓非「循名責實」的具體主張強調：

---

23 《韓非子‧有度篇》：「夫為人主而身察百官，則日不足、力不給。且上用目，則下飾觀；上用耳，則下飾聲；上用慮，則下繁辭。」頁 87。〈姦劫弒臣篇〉：「人主者，非目若離婁乃為聰也；非耳若師曠乃為聰也。目必，不任其數，而待目以為明，所見者少矣，非不弊之術也。耳必，不因其勢，而待耳以為聰，所聞者寡矣，非不欺之道也。」頁 247。

24 《韓非子‧主道篇》，頁 68。

25 《韓非子‧姦劫弒臣篇》：「人主者非目若離婁乃為明也；非耳若師曠乃為聰也。…不任其數而待目以為明，所見者少矣。…不因其勢而待耳以為聰，所聞者寡矣。明主使天下不得不為己視，天下不得不為己聽，故身在深宮之中而明照四海之內。…故善任勢者國安，不知因其勢者國危。」頁 247。

26 趙海金曾為法家與道家者的無為作一區分，他說：「韓非以「無為」為術，…韓非欲以無為為術，鞏固君權，使『有功，則君有其賢，有過，則臣任其罪』（〈主道篇〉）。而老子無為之治，則在縮減政府之職權至最小限度，擴張人民自由至最大限度，以實現『小國寡民』之理想社會。故二者所循之途徑不同，而鵠的各殊，不可相提並論」。趙海金，《韓非子研究》（台北：正中書局，1982 年出版），頁 87。

27 《韓非子‧定法篇》，頁 906。

（一）試以官職，分別其愚智。他說：「論之於任，試之於事，課之於功」[28]，則不能者不得掩飾。「程能而授事」[29]，不致於發生不適任的情形。

（二）嚴守職務份際，不得越俎代庖。他說：「治不踰官」[30]「臣不得越官而有功。」[31]使能職有專守，而不得爭權諉過。

（三）升遷以功罪為考課的標準，不得倖進。他說：「計功而行賞，程能而授事，察端而觀失，有過者罪，有能者得，故愚者不任事。」[32]「官襲節而進，以至大任」[33]有公平客觀標準。

循名責實和虛靜無為是一體兩面，至於這種以人才智愚、功罪為考課的方法可適應當時社會階層的大變動，造成社會階層流動性的活潑化。

二、慎到的影響─重勢與尚法

梁啟超說：「道法二家，末流合一，……就中有一人焉，其學說最可以顯出兩宗轉振關鍵者，曰慎到。」[34]慎子生卒

---

28 《韓非子・難三篇》，頁 853。
29 《韓非子・八說篇》，頁 973。
30 《韓非子・定法篇》，頁 907。
31 《韓非子・二柄篇》，頁 112。
32 《韓非子・八說篇》，頁 973。
33 《韓非子・八經篇》，頁 1006。
34 梁啟超，《先秦政治思想史》(台北：東大圖書公司，1987 年出版)，頁 132。

就錢穆考證，約為西元前三五〇年至西元前二七五年間人。[35]慎到為重勢派法家，此觀點在《慎子》書中發展為重要理論。他說：

> 故賢而屈於不肖者，權輕也。不肖而服於賢者，位尊也。堯為匹夫，不能使其鄰家。…賢不足以服不肖，而勢位足以屈賢矣。[36]

文中說明堯舜雖智，若無勢則無以教民，而所謂「勢」，即勢位，得之則治。為使人信服勢的重要，慎到分別從自然及人事中尋找例證以支持其說。他說：

> 海與山爭水，海必得之。河之下龍門，其流，駛如竹箭，駟馬追，弗能及。行海者，坐而至越，有舟也。行陸者，立而至秦，有車也。秦越遠途也，安坐而至者，械也。[37]

上引之例，如海乘其勢低而能得水，龍門之水乘其勢急而能急駛，以及人托器械勢則遠途安坐可至。又如：「離珠之明，察秋毫之末於百步之外」是「勢」能見，然「下於水尺，而不能見淺深」又是「其勢難睹也」，「非目不明也」[38]。慎到反複陳述用「勢」好處，而人與人間也存在「勢」的關係，他說：

---

35 同注 4，頁 618。

36 《慎子・威德篇》，(清)錢熙祚校，《慎子》(台北：世界書局，1975年出版)，頁 1。本文所引《慎子》出自此書，以下凡引及此書只註明頁數，其餘從略。

37 《慎子》逸文，同註 36，頁 7。

38 《慎子》逸文，同註 36，頁 8。

> 匠人成棺，不憎人死，利之所在，忘其醜也。[39]
>
> 家富則疏族聚，家貧則兄弟離，非不相愛，利不
> 足相容也。[40]

文中說明人與人之間依利之「勢」而活動。慎到由自然及人事的觀察歸納出國君治理國家宜乘其勢而因之。他說：

> 不厚者，不與入難…故用人之自為，不用天道因則大，化則細。因也者，因人之情也。人莫不自為也，化而使之為我，則莫可得而用矣。是故先王見不受祿者不臣；祿人之為我，則莫不可得而用矣。此之謂因。[41]

上述為政者須因人情，而人情「自為」，好利害惡，人與人存在「自為」的勢，所以乘人情之勢就在誘之以利。文中慎子對人性的理解有其盲點，至於其所提出的因天道、乘其勢，使為我所用，此理念源於任自然，《莊子‧天下篇》說：

> 公而不黨，易而無私。決然無主，趣物而不兩。不顧於慮，不謀於智。於物無澤，與之俱往。古之道術有在於是者，彭蒙、田駢、慎到聞其風而悅之。齊萬物以為首，曰：「天能覆之而不能載之，地能載之而不能覆之；大道能包之而不能辯之。知萬物皆有所可有

39　《慎子》逸文，同註36，頁9。

40　《慎子》逸文，同註36，頁10。

41　《慎子‧因循篇》，同註36，頁3。

所不可。」故曰：「選則不徧，教者不至，道則無遺
者矣。」[42]

上述〈天下篇〉就彭蒙、田駢、慎到放任自然的觀點
展開論述，其「公而無黨，易而無私」與〈逍遙遊〉「吾自
視缺然」相通[43]。「決然無主」則在摒除主觀知慮主見，無
知無己而順任事物本身具有的可能趨向去運行，不加人為
意志的干擾。又因為慎到感於「萬物有所可，有所不可」，
天覆地載各有所長，只有道可兼容並蓄。因而主張打破人
為主觀對客觀事物相對差別之界限，而「齊萬物以為首」。
〈天下篇〉的論點為慎到勢論尋找了根源。　不過，〈天下
篇〉評慎到的任自然說：

慎到棄知去己，而緣不得已，泠汰於物以為道理⋯。
夫無知之物，無建己之患，無用知之累，動靜不離於
理，是以終身無譽。故曰至於若無知之物而已。無用
賢聖，夫塊不失道。豪傑相與笑之曰：「慎到之道，
非人生之行，而至死人之理，適得怪焉。」[44]

文中以慎到學說是「棄知去己而緣不得已」，「不得已」
即不得不如此。是無所取捨，而順任物勢之轉，完全抹煞
人的主觀能動性。〈天下篇〉描述慎到追求「無知之物，無
建己之患，無用知之累。」的理想，結果使人無知無欲，

---

42 《莊子・天下篇》，錢穆，《莊子纂箋》(台北：東大圖書公司，1993
年出版)，頁 274 至 275。

43 顧實，《莊子天下篇講疏》，(台北：台灣商務印書館，1976 年出版)，
頁 54。

44 同注 42，頁 275 至 276。

隨外在物勢俱轉，無物我之別，以化同為無知之物，是慎到學土塊之無知以為道。此「去己」即是把自己向下壓，要求萬物沒有個性的齊平。[45]至於如何均齊呢？於是慎到有尚法的提出。他說：

> 法者，所以齊天下之動，至公大定之制也。故智者不得越法而肆謀；辯者不能越法而肆議；士不能背法而有名；臣不得背法而有功。我喜可抑，我忿可窒，我法不可離也。骨肉可刑，親戚可滅，至法不可闕也。[46]

　　文中慎子觀察自然物勢而因之，遂衍生其「棄知去己」，而以「法」作為標準，並對法的評價很高。由此可知慎到由任自然而有「因天道」、乘其勢之說，這種乘勢之說落實於政治，就在國君乘賞罰之勢。所謂「寄治亂於法術，託是非於賞罰。」[47]是他由貴因重勢，更由重勢而尚法，主張以法令治國。

　　慎到的「勢」影響韓非，他曾論述慎到「勢」的重要，說：

> 萬乘之主，千乘之君，所以制天下而征諸侯者，以其威勢也。威勢者，人主之筋力也。今人臣得威，左右擅勢，是人主失力，人主失力而能有國者，千無一

---

45 徐復觀，《中國人性論史》(台北：台灣商務印書館，1988 年出版)，頁 433。
46 《慎子》逸文，同註 36，頁 13。
47 《慎子》逸文，同註 36，頁 12。

人。…今勢重者，人主之爪牙也。[48]

文中以勢比作君主「筋力」、「爪牙」，主張國君權勢不可轉移，也不可以假手於人，才可確立穩固君臣上下關係。並批評慎到「勢」論，說：

> 夫有雲霧之勢，而能乘遊之者，龍蛇之材美也。今雲盛而螾弗能乘也，霧醲而螘不能遊也。夫有盛雲醲霧之勢，而不能乘遊者，螾螘之材薄也。[49]

文中強調唯有龍蛇美材方可乘此雲霧，螾螘之材薄，即便有盛雲醲霧之勢亦不能乘之。將這說法挪用到人世上，也就是：「人之情性，賢者寡而不肖者眾。而以威勢之利，濟亂世之不肖人，則是以勢亂天下者多矣，以勢治天下者寡矣。」[50]說明賢者乘勢則治天下，反之，不肖者乘之則社會秩序混亂。

因此，韓非對「勢」的修正，是認為「勢」應為多數的中人之君設想。認為社會中賢者寡而才智中庸者眾，像堯舜的仁君或像桀紂的暴君千世一出，實不多見。[51]由於人類社會多由中才的人君統治，因而不應專注在少數的聖主或暴君身上。所以說：「吾所為言勢者，言人之所設也。」[52]

---

48 《韓非子・人主篇》，頁 1118。
49 《韓非子・難勢篇》，頁 886 至 887。
50 《韓非子・難勢篇》，頁 667。
51 《韓非子・難勢篇》說：「堯、舜、桀、紂，千世而一出，…今廢勢背法而待堯舜，堯舜至乃治，是千世亂而一治也。抱法處勢而待桀紂，桀紂至乃亂，是千世治而一亂也。」故謂「世之治者，不絕於中，吾所以為言勢者，中也。」頁 888。
52 《韓非子・難勢篇》，頁 888。

因而轉由「人設之勢」取代慎到的「自然之勢」。

關於「人設之勢」內涵及意義為何呢？雖然韓非並未明言，但曾言及：

> 世之治者，不絕於中，吾所以為言勢者，中也。中者，上不及堯舜，而下亦不為桀紂，抱法處勢則治，背法去勢則亂。[53]

由上述文意看來，其人設之勢為中人之主而設，其關鍵在「抱法處勢」，勢與法結合，以法輔助君主之勢。換言之，「處勢」在「執柄」，所以勢的展現在操持賞罰的權柄上，強調了君主個人的主動性。

韓非修正後的勢也運作在掌握任用人才的權柄方面。他說：「因任而授官，……此人主之所執也。」[54]君主應謹慎操持用舍任免的權柄，不可旁落。就當時時代背景而言，用人之權可能受到內臣及敵國的牽制。韓非說：「其患御者，積於私門，盡貨賂而用重人之謁，退汗馬之勞。」[55]「姦臣得乘信幸之勢，以毀譽進退群臣者。」[56]由於私門請謁，往往使臣下離上比周，成為入仕升遷捷徑。

此外，官吏任用或廢置若受外國牽制則國亂，他舉出周文王輔置費仲於紂旁，以亂其心；吳攻楚，而吳子胥用計使楚人廢子期，因而戰勝；鄭桓公欲襲鄶，而誘鄶君殺

---

53 《韓非子‧難勢篇》，頁 888。
54 《韓非子‧定法篇》，頁 906。
55 《韓非子‧五蠹篇》，頁 1078。
56 《韓非子‧姦劫弒臣篇》，頁 245。

良臣，遂取酈等例證為警訓。[57]

　　韓非強調國君操持用人權柄，並嚴防權臣的態度，有正面的影響性。因為春秋戰國之世，封建瓦解，知識散落民間。尤其孔子有教無類更加強教育的普及，平民雖無憑藉，但以其所擁有之知識卻可大獲國君的賞識，由寒庶一躍而為公卿，使舊有之社會階級逐漸瓦解。任用人才可適應當時社會階層的變動，形成社會流動性的活潑化。

　　況且春秋戰國時代各國競相重視人才，促使平民參與國政。而這批新興士人與國君多無親緣關係，完全以一己之力取得高位。而士人與貴族間也處於對立立場，所以往往成為國君用以制衡貴族勢力的工具。在這種「主賣官爵，臣賣智力」的環境下，形成了人才較血緣更為重要的現象。

三、商鞅的影響─嚴刑峻法

　　商鞅是重法派法家代表，近人根據商鞅經歷推測，約生於西元前三九〇年[58]。又《史記‧六國年表》所載，卒於周顯王三十一年(西元前三三八年)，享年五十餘歲。論著《商君書》，《漢書‧藝文志》列為法家要籍。韓非說：「今境內之民皆言治，藏商、管之法者家有之。」[59]不難想見《商君書》於秦皇統一六國前勝極一時之概況。

57　《韓非子‧內儲說下篇》，頁 575。

58　同注 4，頁 229。

59　《韓非子‧五蠹篇》，頁 1066。

其學說有「任法而治」[60]的特色，商鞅說：「有明主忠臣產於今世而欲領其國者，不可以須臾忘於法。」[61]商鞅之法出自人君，又偏重於刑罰，他說：

> 故以刑治則民威，民威則無姦，無姦則民安其所樂。以義教則民縱，民縱則亂，亂則民傷其所惡，……立君之道，莫廣於勝法；勝法之務，莫急於去姦；去姦之本，莫深於嚴刑。故王者以賞禁，以刑勸，求過不求善，藉刑以去刑。[62]

至於商鞅倚重刑罰與其對人性趨利避害的理解有關，認為「人情好爵祿而惡刑罰，人君設二者以御民之志而立所欲焉。」[63]有運用人情趨避及畏懼心理，以達到「以刑去刑」的境界。也就是他所說的：「重刑連其罪，則民不敢試。民不敢試，故無刑也。夫先王之禁，刺殺斷人之足，黥人之面，非求傷民也，以禁姦止過也。故禁姦止過莫若重刑。」[64]

商鞅變法落實的刑名種類至少有連坐、腰斬、參夷、鑿顛、抽脅、鑊烹、車裂、黥、劓、遷、收等十一種。[65]所制定之法令條文，如「棄灰於道者黥。」[66]太史公說：「夫

60　《商君書・慎法篇》，頁 137。
61　《商君書・慎法篇》，頁 137。
62　《商君書・開塞篇》，頁 57 至 58。
63　《商君書・錯法篇》，頁 65。
64　《商君書・賞刑篇》，頁 101。
65　《史記・商君列傳》頁 893 及 895。及《漢書・刑法志》記載，頁 1096。
66　《史記・李斯列傳》，頁 1041。

棄灰，薄罪也；而被刑，重罰也。」[67]又如獎告姦的連坐制度，「令民為什伍，而相牧司連坐，不告姦者腰斬；告姦者，與斬敵首同賞；匿姦者，與降敵同罰。」[68]其中無辜而株連者定不在少數，反映了嚴刑峻法是商鞅法治觀的自然歸趨。

韓非承商鞅的法治觀，在〈定法篇〉分析了商鞅法的優缺點。韓非對於法的定義是：

> 法者，憲令著於官府，刑罰必於民心，賞存乎慎法，而罰加乎姦令者也。[69]

法是明文公開具客觀標準，而執法的原則在信賞必罰、賞善罰惡與公平無私。他以法為治國規範，曾說：

> 故明主之國，無書簡之文，以法為教；無先王之語，以吏為師。[70]

法之外禁絕一切書籍及先王之語存在，人民以「法」為學習對象。所以說：「明主之國，令者，言最貴者也；法者，事最適者也。言無二貴，法不兩適，故言行而不軌於法令者必禁。」[71]因此，於〈五蠹篇〉抨擊學者、言談者、帶劍者、商人、工人五種人為蠹蟲。五蠹之中，又以具有專門知識，會導致人民評議朝廷的學者、言談者為害最大。[72]因此發展成禁儒學燔詩書，他說：

---

67 《史記・李斯列傳》，頁 1041。
68 《史記・商君列傳》，頁 893。
69 《韓非子・定法篇》，頁 906。
70 《韓非子・五蠹篇》，頁 1067。
71 《韓非子・問辯篇》，頁 898。
72 《韓非子・五蠹篇》，頁 1078。以及〈八說篇〉記載：「息文學而明法

> 商君教秦孝公…燔詩書而明法令，塞私門之請而遂公
> 家之勞，禁游宦之民而顯耕戰之士。[73]

也就是認同商鞅的明法禁令，禁錮儒家思想，燔詩書
及獎耕戰。不過，由於韓非又受申不害及慎到學說影響，
所以其融合法術勢的理論後，對於執行賞罰的方式就有了
他的特點，歸納如下：

（一）賞罰大權不旁落大臣，避免百姓誤認大臣具有
權威，而「畏其臣而易其君」[74]。強調行賞罰之前不得以示
人，他說：

> 君先見所賞則臣鬻之以為德。…君先見所罰，則臣鬻
> 之以為威。[75]

君主擬執行賞或罰，若為大臣所知，恐大臣先施予賞
罰，威德不僅落入大臣之手，亦使百姓誤認大臣具有權威，
而「畏其臣而易其君。」[76]

（二）確立賞罰之公正性，韓非曾說：

> 上古之傳言，春秋所記，犯法為逆以成大姦者，未嘗
> 不從尊貴之臣也。然而法令之所以備，刑罰之所以
> 誅，常於卑賤，是以其民絕望，無所告愬。[77]

由於犯法者多親貴大臣，然依法行誅者多為升斗小

度，塞私便而一功勞，此公利也。」頁 974。
73 《韓非子‧和氏篇》，頁 239。
74 《韓非子‧二柄篇》，頁 111。
75 《韓非子‧內儲說下篇》，頁 577。
76 《韓非子‧二柄篇》，頁 111。
77 《韓非子‧備內篇》，頁 290-291。

民。韓非藉史事感慨上古行法之不公。是以主張用法不論親疏貴賤，不因喜而賞，也不因惡而濫罰，所謂「誠有功則雖疏賤必賞；誠有過則雖近愛必誅。」[78]使「刑過不避大臣，賞善不遺匹夫。」[79]由於原則分明，而人民知所適從，且言而有信，則人民百官皆為君主驅馳效勞，他說：「言賞則不與，言罰則不行，賞罰不信，故士民不死也。」[80]主張貫徹不分親疏執行信賞必罰的原則。

（三）實行賞厚罰重原則，「賞莫如厚，使民利之。譽莫如美，使民榮之。誅莫如重，使民畏之。毀莫如惡，使民恥之。」[81]強調賞厚罰重，「重一姦之罪，而止境內之邪，此所以為治也。」[82]的重刑效果。

上述執行賞罰的特點可推知韓非確立了法的客觀性、唯一性、普遍性和有效性，而落實關鍵則在國君的「明法」態度，他說：

> 人主使人臣雖有智能不得背法而專制。雖有賢行不得踰功而先勞。雖有忠信不得釋法而不禁。此之謂明法。[83]

換言之，智能之官應依法任職，賢行之官宜立功而後賞，忠信之官須依法行事。不論賢智忠信均依法而行，也

78　《韓非子・主道篇》，頁 69。
79　《韓非子・有度篇》，頁 88。
80　《韓非子・初見秦篇》，頁 1。
81　《韓非子・八經篇》，頁 997。
82　《韓非子・六反篇》，頁 951。
83　《韓非子・南面篇》，頁 297。

就是「明主使法擇人,不自舉也。使法量功,不自度也。」[84]
依標準而行可避免「不事力而衣食則謂之能;不戰功而尊
則謂之賢。」[85]現象。

上述韓非對於法內涵的貢獻,在重視依法而行,不因
親疏等差而有私恩私意。不過,刑法嚴峻的結果,誠如胡
樸安說:「刑罰太峻,君權必尊。極其流弊,法律將失效力,
以君主之意思,強使人民之必從,造成君主專制之政治。」[86]
是韓非法的特性所衍生的流弊。

四、黃老學說的影響──虛靜無為與刑名

上節提及韓非「喜刑名法術之學」融合慎申商等法家
學說,以確立君上臣下秩序。此外,其說並「歸本於黃
老」[87]。黃老是戰國秦漢間道家的後期思想,《漢書‧藝文
志》所載黃老著作已佚,一九七三年長沙馬王堆三號漢墓
帛書的出土,為黃老學說研究帶來珍貴資料。[88]《黃老帛書》
中〈道原〉、〈經法〉、〈十大經〉及〈稱〉四篇中,有許多

---

84 《韓非子‧有度篇》,頁 86。
85 《韓非子‧五蠹篇》,頁 1057。
86 朱師轍,《商君書解詁》(台北:世界書局,1975 年出版),初印本胡
　　序,頁 7。
87 《史記‧老子韓非列傳》,頁 856。
88 相關研究參見《馬王堆漢墓帛書》(文物出版社,一九八〇年出版),
　　唐蘭,《黃帝四經初探》(《文物》一九七三年第十期),龍晦,《馬王
　　堆出土老子乙卷前古佚書探源》(《考古學報》1975 年第二期),吳賢
　　俊,《黃老評議》(1988 年師大國文研究所碩士論文),高祥,《戰國末
　　秦漢之際黃老學說之探討》(1988 年師大國文研究所碩士論文)。

關於「道」的論述，例如：

> 道…虛無形，其裻(督)冥冥，萬物之所從生。[89]
>
> 上道高而不可察也，深而不可則(測)也。顯明弗能為
> 名，廣大弗能為刑(形)。獨立不偶，萬物莫之能令。…
> 堅強而無擭，柔弱而不可化，…聖王用此，天下
> 服。[90]

文中以道是萬物生成之源，虛而無形，不能知不能見。道又是無限存在，充滿於天地間，高深廣大又堅強柔弱。又言「聖王用此，天下服」，也就是對宇宙的觀察和體驗，是要以「天道」為依歸，而後推衍到「世道」及「人道」上。所以又說：

> 人主者，天地之(稽)也，號令之所出也。…不天天則
> 失其神，不重地則失其根，不順(四時之度)而民疾。[91]

上述之意是將宇宙自然的天道挪用到人世，成為人間秩序的規則。也就是老子所說的「人法地，地法天，天法道，道法自然」[92]而且「不順(四時之度)而民疾」的言論，已有人間禍福與天道息息相關的意味。所以又說：「不循天常，不節民力，周遷而無功。養死伐生，命日逆成，不有

89　《經法・道法》，陳鼓應，《黃帝四經今註今譯》(台北：台灣商務印書館，1995 年出版)，頁 51。本文所引《黃帝四經》出自此書，以下凡引及此書只註明頁數，其餘從略。

90　《道原》，同註 89，頁 474 及 478。

91　《經法・論》，同註 89，頁 177。

92　《老子》二十五章，同註 11，頁 126。

人(戮)，必有天刑。」[93]這種治道法天地而行的說法，為人事治道尋得了理論上的依據。

統治者法天而行，所效法的是什麼呢？《黃老帛書》提出了「無為」的觀念。他說：

> 天有明而不憂民之晦也。(百)姓(闕)其戶牖而各取昭焉，天無事焉。地有(財)而不憂民之貧也，百姓斬木劉新(薪)而各取富焉，地亦無事焉。[94]

上述天有明，由民闕戶牖自取；地有財，由民斬木薪自富，天地不加以干涉。也就是以天地的「虛靜」達成萬物自取的「無為」成就。將這套虛靜理論推衍到政事上，就有達成君上的虛靜的想法。

為落實君上的虛靜，於是衍生出「刑名」及「因時」之說。他說：

> 分之以其分而萬民不爭，授之以名而萬物自定。[95]
> 欲知得失，請必審名察刑(形)，刑(形)恆自定，是我俞(愈)靜，事恆自(施)，是我無為。[96]

定分授名使事物在各自名分下各有其位，[97]上位者講求審名察刑(形)工夫，可以以簡御繁。所以說：「形名立，則黑白之分已。故執道者之觀於天下殹(也)，無執殹(也)，無

---

93 《經法‧論約》，同註 89，225 頁。
94 《稱》，同註 89，頁 452。
95 《道原》，同註 89，頁 481。
96 《十大經‧名刑》，同註 89，頁 401。
97 《經法‧四度》說：「君臣易立(位)胃(謂)之逆，賢不宵(肖)並立胃(謂)之亂。…君臣當立(位)胃(謂)之靜，賢不宵(肖)當立(位)胃(謂)之正。」同註 89，頁 153 及頁 156。

處也,無為殹(也),無私殹(也)。」[98]又說:

> 聖人不為始,不剸(專)己,不豫謀,不為得,不辭福,
> 因天之則。[99]

> 不陰謀,不擅斷疑,…不擅作事。[100]

文中所謂「不擅」「不專」「不謀」是順應時機的自然成熟,即是「因天之則」。

《黃老帛書》的虛靜理論影響韓非,主要體現在《韓非子》的〈主道〉〈揚權〉〈解老〉〈喻老〉及〈大體〉等篇。韓非說:

> 唯夫與天地之剖判也俱生,至天地之消散也不死不衰
> 者謂之常,…聖人觀其玄虛,…強字之曰道。[101]

> 天得之以高,地得之以藏,…四時得之,以御其變氣;
> 軒轅得之,以擅四方。[102]

上述主張道與天地並生,又比天地更加久長。文中「軒轅得之,以擅四方」是將道的作用落實到政事上,並進而說:「夫能有其國,保其身者,必且體道」[103],緣「道」以從政事者,「大能成天子之勢尊,而小易得卿相將軍之賞祿」[104]。這種體悟「道」並挪用到政事上的論點與黃老思想相通,同時其體悟的關鍵在「虛靜」。他說:

---

98 《經法・道法》,同註 89,頁 56。
99 《稱》,同註 89,頁 414。
100 《十大經・順道》,同註 89,頁 396。
101 《韓非子・解老篇》,頁 369。
102 《韓非子・解老篇》,頁 365。
103 《韓非子・解老篇》,頁 352。
104 《韓非子・解老篇》,頁 343。

> 人主之道，靜退以為寶，不自操事而知拙與巧，不自
> 計慮而知福與咎。[105]

國君以虛靜治國，並進而講「因」勢、「形名」，主張
國君應用形名：

> 形名者，言與(異)事也。為人臣者陳而言，君以其言
> 授之事，專以其事責其功。功當其事，事當其言，則
> 賞；功不當其事，事不當其言，則罰。[106]

其意主張以形名統理國政，達到國君無為而政治上軌
道的論點，是承襲了黃老學說的理論，並發展成成熟的思
想，以成就國君的地位。

第三節　法術勢的關聯性

由上所述，韓非取法先秦慎到的「勢」論，由自然之
勢修正為人設之勢，提出勢法結合的觀點。並融合申不害
的「術」論，從消極的虛靜無為和積極的循名責實二部分
立論。一則主張君主因臣下之智，不必事事躬親，同時君
主掩其好惡，避免權臣覬覦上位。再則強調「形名參同」，
根據群臣功過給予賞罰，避免臣屬怠慢瀆職。同時吸收商
鞅的「法」論，強調「以刑去刑」的原則和建立「以法為
教」的標準。由於訂定客觀的賞罰制度，可收法治之效。

---

105 《韓非子‧主道篇》，頁 68。
106 《韓非子‧二柄篇》，頁 111。

此外，又採用黃老學說的虛靜無為，以根源於天道的治道，作為法術勢運作的基礎，發展出穩定君主權力的學說。

法、術、勢三者有什麼關係？根據韓非〈定法篇〉一文，以整篇的篇幅論述法與術二者在治國時的相輔助作用。因此本節即以〈定法篇〉為基本資料，了解法術勢三者間的相互連動性。〈定法篇〉說：

> 韓者，晉之別國也。晉之故法未息，而韓之新法又生。…申不害不擅其法，不一其憲令，則姦多。故利在故法前令，則道之；利在新法後令，則道之。…則申不害雖十使昭侯用術，而姦臣猶有所譎其辭矣。…雖用術於上，法不勤飾於官之患也。…及孝公、商君死，惠王即位，秦法未敗也，而張儀以秦殉韓、魏。惠王死，武王即位，甘茂以秦殉周。武王死，昭襄王即位，穰侯越韓魏而東供齊，五年而秦不益一尺之地，乃成其陶邑之封。應侯攻韓八年，成其汝南之封。自是以來，諸用秦者，皆應、穰之類也。故戰勝則大臣尊，益地則私封立，主無術以知姦也。商君雖十飾其法，人臣反用其資。[107]

由本段文字，首先可得知韓非提出「法」、「術」的原因是在維護韓國、秦國的國家公利，避免官吏自營私利，侵犯國君權力，也就是為避免危及君「勢」，而提出「法」的客觀標準與「術」的督責考核方法，來知人用人、治理

---

[107] 《韓非子・定法篇》，頁 906-907。

國家。換言之,「法」與「術」是用來補救君「勢」的不足,君「勢」也要以公開、公平、公正的「法」和因任受官、循名責實的「術」,作為運作的依據。

其次要了解的是,韓非提出「法」的客觀標準與「術」的督責考核方法,以治理官吏,是否代表他對人才的不重視呢?事實上恰好相反,韓非很重視賢才。他說:「內舉不避親,外舉不避讎,是在焉,從而舉之,非在焉,從而罰之。」[108]可推知。這種重視人才的態度與春秋戰國時代士人大量崛起,社會不同階層之間的上下流動有關,例如蘇秦本為「窮巷掘門桑戶捲樞之士」[109],經過一番苦學自修,亦能躍為公卿,佩六國相印。[110]所以,在士人階級興起的大時代環境裏,用人任官是否能夠以能力作為考量依據,

---

108 《韓非子·說疑篇》,頁924。
109 《戰國策·秦一》,溫洪隆注釋、陳滿銘校閱,《新譯戰國策》(台北:三民書局,2004年出版),上冊,頁65。
110 許倬雲曾列戰國宰相名單,並製表如下:

國別	趙	齊	秦	楚	韓	魏	燕
宰相總數	13	9	18	7	12	18	4
出身於公子者	3	2	3	1			
出身與王室有關者	2	4	2	2	6		
出身於寒庶者	8	1	13	2	1	9	
出身不明者		2		2	5	9	

此表顯示秦趙魏等國宰相出自寒庶的比例甚高,布衣為卿相的流動性,反映貴族階層的壁壘已動搖。許倬雲,《求古篇》(台北:聯經出版社,1989年出版),頁319至352。

而不計較其出身背景或血緣關係，成為國君的一大考驗。國君要如何選才？如何使人才各盡其能，分層負責？又如何來確立君臣上下的關係呢？韓非的法術勢學說可作為當時環境背景用人學問的參考。

　　法術勢三者間的關係為何？應如何輔助運作？在上文引述〈定法篇〉的言論中，先論述「有術而無法」不易治國的情形，以韓國為例：

　　由晉國分出來的韓國，有舊法與新法兩種法令，申不害擔任韓昭侯宰相時，只知用「術」，而不知統一前令與後令的差異。使得投機官吏當舊法令對其有益時則遵循舊法，新法對其有益時則遵循新法，無一定的標準。韓非認為這是「用術於上，法不勤飾於官之患也。」也就是治理國家除了「術」之外，尚須有「法」。以設之於官，布於百姓的法作為標準，「術」不致於成為國君統御官吏的神祕方法。而且因任授官循名責實以「法」作為規範，使有能者必授其位，有位者必盡其責。說明「術」的因任授官循名責實，要以「法」作為規範，才有實行的標準依據。

　　接著論述「有法而無術」不易治國的情形，以秦國為例：

　　秦經商鞅變法後，是一個較具有公平準則的國家。不過其大臣如張儀、甘茂、魏冉卻仍能犧牲國家公利而自營私利。例如：張儀曾相秦惠王，游說韓魏各國連橫事秦以破壞合從，其間卻犧牲秦國的利益，以討好韓國及魏國；武王時甘茂經營周地也犧牲了秦國力量；昭襄王時穰侯向

東攻打齊國，前後五年秦國未增加一尺土地，卻增加穰侯個人在陶邑的封地；應侯攻打韓國八年，也成只是增加他個人在汝河南面封地。這種「戰勝則大臣尊，益地則私封立」[111]的現象，韓非認為是：「主無術以知姦也。商君雖十飾其法，人臣反用其資。…法雖勤飾於官，主無術於上之患也。」[112]換言之，國君除了「法」之外，尚須具備「術」。「法」的信賞必罰、功罪得當，要透過因任授官循名責實的「術」，使賞罰的執行能名實相符，以求知人能明、用人得當。

至於法、術與勢的關係又如何呢？韓非曾說：

> 釋法術而心治，堯不能正一國。去規矩而妄意度，奚仲不能成一輪。廢尺寸而差短長，王爾不能半中。使中主守法術，拙將執規矩尺寸，則萬不失矣。君人者能去賢巧之所不能，守中拙之所萬不失，則人力盡而功名立。[113]

> 人主之大物，非法即術也。[114]

> 此不可一無，皆帝王之具也。[115]

文中一再強調法術二者可鞏固君勢，並補救君主賢智的不足。治國無法，君勢就失去依據；御臣無術，國君無以考核臣下姦邪而危及君勢。因此認為像堯舜賢智兼備的

---

111 《韓非子・定法篇》，頁 907。
112 《韓非子・定法篇》，頁 907。
113 《韓非子・用人篇》，頁 498。
114 《韓非子・難三篇》，頁 868。
115 《韓非子・定法篇》，頁 906。

國君，若廢去法術亦不能統理一國，何況是一般人君。

韓非更明確分析「勢」與「法」的關係，他說：

> 抱法處勢則治，背法去勢則亂。[116]

> 明法制，去私恩。夫令必行，禁必止。[117]

文中「勢」是執行法的憑藉與力量，國君執行法而展現其君勢權威。可以說法的信賞必罰有助於君勢的確立，不過法也可規範制約君勢，使賞罰執行不流於高壓或徇私而有客觀標準。

又論述「勢」與「術」的關係，他說：

> 掩其跡，匿其端，下不能原；去其智，絕其能，下無能意。…謹執其柄而固握之。[118]

主張國君要執術而深不可測，掩跡匿端則下無所因襲以侵犯國君刑德之權，同時掌握因任授官循名責實的術，才得以知人任人，責求其功效並察姦止亂。說明「術」可補君勢的不足，同時「術」的督察官吏，也要以「勢」作後盾力量，才能夠推行。

根據上述法術勢三者的關聯性，簡要的說：

「術」的因任授官循名責實，要以「法」作為規範，才有實行的標準依據。須有「勢」作憑藉與力量，才得以運作。「法」的信賞必罰、功罪得當，要透過因任授官循名責實的「術」，才有執行的方法，須有「勢」作後盾力量，

---

116 《韓非子‧難勢篇》，頁888。
117 《韓非子‧飾邪篇》，頁311。
118 《韓非子‧主道篇》，頁68。

才得以逐步推行。國君的權「勢」要藉信賞必罰的「法」來確立，也要以「法」來制約，使賞罰公正，要有「術」才得以知人任人，責求其功效並察姦止亂。三者之間各有作用，更須互相補足與運用，可說是──「正三角形的平衡發展關係」。[119]

第四節　法術勢失衡形成君主集權

　　基本上，韓非所建構的學說體系，必須法、術、勢平衡運作，其預期的效用才能逐步展現。不過由於盛世時國君自處於至高無上的地位，為使權力發揮至最大限度，往往只擇取或歪曲韓非學說中有利於君主的部分。韓非學說的法、術、勢三綱領往往受制於君權獨大，不易平衡運作。韓非在建構其學說時，是否曾考慮到君權高漲，法、術、勢三綱領不但無法平衡發展，甚至「勢」可能成為「術」與「法」的操縱者呢？又是否思考過一旦至衰世君權不張，國君則受制於臣，「術」與「法」亦無法正常的運作呢？也就是說，君權行使的得當與否，是其學說成敗的關鍵。當檢視韓非學說時，可發現在部分篇章當中，例如：〈南面〉、〈安危〉、〈守道〉、〈亡徵〉、〈十過〉等篇章，對國君的道德修為有基本的要求。也就是韓非在建構其學說之初，已

---

119 王邦雄，《韓非子的哲學》(台北：東大圖書公司，1993 年出版)，頁204。

預設國君具備一定的道德規範。此一預設的基本修為，我們可稱為「中人之君」的理念。

他說：

> 堯、舜、桀、紂，千世而一出，⋯世之治者，不絕於中，吾所以為言勢者，中也。中者，上不及堯舜，而下亦不為桀紂，抱法處勢則治，⋯今廢勢背法而待堯舜，堯舜至乃治，是千世亂而一治也。抱法處勢而待桀紂，桀紂至乃亂，是千世治而一亂也。[120]

上文所說「世之治者，不絕於中，吾所以為言勢者，中也。」其意是人類上智或下愚多居少數，像堯舜的仁君或像桀紂的暴君千世一出，實不多見。人類社會多由中才的人君統治，所以他討論「勢」是為多數的中人之君設想，而不應專注少數的聖主或暴君。

此段文字中他認同堯舜為治世的賢者，不過若待堯舜之賢，而治當世之民，是「猶待粱肉而救餓」[121]、「待越人之善游者，以救中國之溺人」[122]。換言之，韓非不提倡仁義治國，但不代表排斥統治者具有道德修為。[123] 至於他提出「中人」抱法處勢則治的說法，所謂「中人」在位，可推測韓非對國君操守有一定的要求。

他又說：

---

120 《韓非子・難勢篇》，頁 888。
121 《韓非子・難勢篇》，頁 889。
122 《韓非子・難勢篇》，頁 889。
123 王靜芝，〈韓非法學中的君德論〉，《東吳法律學報》第二卷第一期。稱這是韓非的「君德論」。

> 仁人在位，下肆而輕犯禁法，偷幸而望於上。暴人在
> 位，則法令妄而臣主乖，民怨而亂心生。故曰：仁、
> 暴者，皆亡國者也。[124]

　　文中認為「仁、暴者，皆亡國者也。」顯然韓非對君
主德性之要求是介於仁暴之間。[125]而仁暴之間的德行要件
為何呢？也就是「中人」的內涵為何呢？我們可從其它篇
章有關國君應具備的條件中得知。

一、期許國君要有明辨是非的能力

　　他說：

> 安術：一曰賞罰隨是非。二曰禍福隨善惡。三曰生死
> 隨法度。四曰有賢不肖而無愛惡。五曰有愚智而無非
> 譽。六曰有尺寸而無意度。七曰有信而無詐。危道：
> 一曰斷削於繩之內。二曰斷割於法之外。三曰利人之
> 所害。四曰樂人之所禍。五曰危人之所安。六曰所愛
> 不親，所惡不疏。[126]

　　上文韓非提出的安術七項目，基本上是要求國君不用
愛惡意度及非譽詐諉。危道六項目，是明示國君重利民，
為大眾求福利。大體在要求國君能明是非、不可危害大眾。

---

124 《韓非子・八說篇》，頁 975-976。
125 楊樹藩，《中國歷代思想家》(台北：台灣商務印書館，1978 年出版)，
　　第二冊，〈韓非〉。
126 《韓非子・安危篇》，頁 483。

以達到「使天下皆極智能於儀表，盡力於權衡，以動則勝，以靜則安；治世使人樂生於為是；愛身於為非；小人少而君子多。故社稷常立，國家久安。」[127]的理想。

二、要求國君具備守法修養

他說：

> 明主之道忠法。[128]

上文的「忠法」即依法為據，一切行事不離於法。其言「人主離法失人，則免於伯夷不妄取，而不免於田成盜跖之禍。」[129]君主離法失人，伯夷一類的清廉之人雖不至為非作歹，然而不能避免田成盜跖一類人的禍亂。何況「今天下無一伯夷，而姦人不絕世」[130]，故立法度量，不僅伯夷不失是，更重要的是盜跖不得為非。換言之，國君守法可能影響全國之價值觀，其言：「託天下於堯之法，則貞士不失分，姦人不徼倖」[131]，即凸顯守法的重要。

三、要求國君能端正己身

他說：

127　《韓非子‧安危篇》，頁 483。
128　《韓非子‧安危篇》，頁 485。
129　《韓非子‧守道篇》，頁 492。
130　《韓非子‧守道篇》，頁 492。
131　《韓非子‧守道篇》，頁 492。

> 古之人目短於自見，故以鏡觀面；智短於自知，故以
> 道正己。…故以有餘補不足，以長續短之謂明主。[132]

上文主張君主宜以道正己，如同以鏡觀面般刻不容緩。

君主除以上三點的修為外，〈亡徵〉及〈十過〉二篇，或以言論告誡，或引具體史實為例說明，提出君主不可犯之過失，列表於下：

國君的過失	引證之史實	備註
行小忠則大忠之賊	《左傳・成公十六年》楚共王與晉厲公戰於鄢陵，楚將司馬子反渴而求飲。豎穀陽行小忠進酒解子反渴，子反醉，共王趁機殺子反一事。	所引雖是臣子子反受穀陽小忠，其用意是臣下往往向國君行小忠，若國君不察，對國事往往有害。
顧小利則大利之殘	《左傳・僖公二年》晉獻公假道於虞以伐虢之史事，說明虞貪圖屈產名馬及垂棘之璧的小利而借道，反為晉所滅。	〈亡徵篇〉言「好宮室臺榭陂池，事軍服器玩，好罷露百

---

132 《韓非子・觀行篇》，頁479。

		姓，煎靡貨財」亡國之徵。
行僻自用，無禮諸侯	《左傳・昭公四年》楚靈王會諸侯於申之史事。對宋太子無禮，又狃徐君及拘齊大夫慶封。未一年楚王南遊，群臣從而劫之，迫其去位，楚王餓死乾溪之上。	〈亡徵篇〉言「挫辱大臣而獨身，刑戮小民而逆使，懷怒司恥而專習」、「簡侮大臣，無禮父兄，勞苦百姓，殺戮不辜」皆亡國之道。
不務聽治，而好五音	晉平公好音，強令師曠鼓清徵、清角之音，至於風雨暴至，平公癃病，晉國大旱。	此條韓非引事荒誕，但用意為誡國君沉迷五音之不當。
貪愎喜利	引魯悼公十四年韓趙魏敗智伯瑤於晉陽之始末。指出智伯瑤貪愎，吝惜封韓魏謀臣段	〈亡徵篇〉言：「饕貪而無厭，近

	規、魏薦萬家之縣,因而敗亡,實為貪愎之故,只顧一己利益,不顧他人利害。	利而好得」「很剛而不和,愎諫而好勝,不顧社稷而輕為自信」皆亡國之徵。
耽於女樂,不顧國政	秦穆公時,戎王使由余聘於秦,為穆公所賞識,而謂內使廖曰:「鄰國有聖人,敵國之憂也。今由余,聖人也」。遂用內使廖主張,贈送戎王十六位女樂。戎王悅女樂而不顧政事,由余諫戎王而不聽,由余乃去之而至秦。秦穆公拜為上卿,用由余伐西戎,兼國十二,開地千里。	〈亡徵篇〉言:「婢妾之言聽,愛玩之智用,外內悲惋,而數行不法」亡國之徵。
離內遠遊而忽於諫士	引齊國田成子之事。田成子遊於海上而樂不思歸。號令諸大夫,言歸者處死。顏聚冒死而諫,田成子操戈殺顏聚。聚延頸而前,田成子感動而不殺。趣駕而歸,國內已有不納田成子。田成子則因不殺	

	諫臣而尚保有其國。	
過而不聽於忠臣，而獨行其意	舉齊桓公不聽管仲之遺言，不用隰朋，而用豎刁。豎刁乘桓公南遊堂阜，率易牙、開方等為亂。桓公渴餒而死，屍三月而不收，屍蟲出於戶之實例。	〈亡徵篇〉言：「私門之官用，馬府之世，鄉曲之善舉，官職之勞廢，貴私行而賤公功」「辭辯而不法，心智而無術，主多能而不以法度從事」為亡國之徵。
內不量力，外恃諸侯	戰國時，秦攻韓國之宜陽。公仲朋說韓君，以同盟國不可恃，不如和秦而助秦伐楚。楚王急，用陳軫之計，以重幣　韓，言願與韓共攻秦。韓君信楚之虛言，而楚兵不來。秦乃拔宜陽。	說明韓內不量力，外恃楚國，楚未真援韓，韓國乃國削。
國小無禮，不用諫臣	《左傳·僖公二十三年》晉公子重耳出亡，過於曹。曹	曹為小國，而對重耳

	共公觀重耳浴，無禮之甚。重耳後回晉，立為晉君。舉兵伐曹，執曹共公。	無禮，所以亡國。

　　韓非列史實作為國君之誡鑑，雖然並不是積極的教導國君如何為善，但對國君界於仁暴之間的「中人」要求可見一般。韓非在建構法、術、勢三綱領時，已預設中人之君的觀念。韓非反聖者為王之期待，主張治道須以中人之性、人之常性、中人之行為取向，在法明令公開下，平庸無能之君亦能假法而御民。不過，從漢代史實證明，君權絕對化後，君主運用權力往往背離「中人之君」的制約。例如東方朔規勸武帝，曾列舉了武帝的奢侈行為：

　　　今陛下以城中為小，圖起建章，左鳳闕，右神明，號
　　　稱千門萬戶；土木衣綺繡，狗馬被繢罽，宮人簪瑇瑁，
　　　垂珠璣；設戲車，教馳逐，飾文采。…上為淫侈如此，
　　　而欲使民獨不奢侈失農，事之難者也。[133]

　　又如漢成帝「湛于酒色，趙氏亂內，外家擅朝，言之可為於邑。」[134]安帝時欲造畢圭靈琨苑，「猥規郊城之地，以為苑囿，壞沃衍，廢田園，驅居人，畜禽獸，…。」並聽信侍中、中常侍所謂：「昔文王之囿百里，人以為小；齊

---

133 《漢書・東方朔傳》，頁 2858。
134 《漢書・成帝紀》贊，頁 330。

宣五里，人以為大。今與百姓共之，無害於政也。」[135]的
說法，此現象凸顯出統治者奢侈及不體恤百姓的行為。再
如桓帝時「多內幸，博採宮女至五六千人。」[136]類此史書
記載甚多，時人似乎也以國君之奢華為常態。

又如劉向歷事宣、元、成三帝，元、成帝重用外戚與
宦官，排擠陷害賢士官僚。他藉災異上書元帝，[137]強調國
君應尊天重道。但劉向幾次直言進諫的結果是多次被免
官，終生未得重用。

上述帝王之行為與「中人之君」須具有明辨是非的能
力、具備守法修養以及能端正己身等行為背離，而且也觸
及了〈亡徵〉及〈十過〉二篇告誡國君的過失。也就是說，
在君權絕對化後，韓非「中人之君」的理念不能制約君主。
換言之，韓非學說前提「中人之君」不一定出現，因此「法
術勢」學說不能平衡運用，這可說是韓非學說的盲點。

第五節　小　結

韓非學說的「中人之君」不易出現，加上他有嚴明的
君上臣下觀念，即自然的形成君主地位絕對化的發展趨

135　《後漢書‧楊震列傳》，頁 1783。
136　《後漢書‧皇后紀下》，頁 445。
137　劉向上書元帝說：「和氣致祥，乖氣致異。祥多者其國安，異眾者其
　　國危，天地之常經，古今之通義也。」《漢書‧劉向傳》，頁 1941。

向，他說：「臣事君，子事父，妻事夫，三者順則天下治，三者違則天下亂，此天下之常道。」[138]此論點可說是「君為臣綱，父為子綱，夫為婦綱」之先驅。[139]於〈外儲說左下〉一文中二度強調君冠臣履的看法[140]，文中並用孔子御坐魯哀公「先飯黍後啗桃」事例，以黍乃上等祭品，桃為下品果蓏，藉孔子之口評論以黍拭桃毛猶如「以貴雪賤」之不當。殊不論其所引孔子事蹟是否真有其事，韓非的作用不外是要藉此例體現君臣上下之從屬關係。

〈忠孝篇〉文中即反對舜放父、湯武弒君之犯上作亂行為。[141]強調君主掌握絕對權威，成為政治主體及核心。他說：

> 父之所以欲有賢子者，家貧則富之，父苦則樂之。君之所以欲有賢臣者，國亂則治之，主卑則尊之。[142]

又說：

> 先王之法曰：「臣毋或作威，毋或作利，從王之指；毋或作惡，從王之路。」古者世治之民，奉公法，廢

---

138 《韓非子・忠孝篇》，頁 107。
139 余英時，《歷史與思想》(台北：聯經文化事業公司，1976 年出版)，頁 40。
140 《韓非子・外儲說左下篇》記載：「趙簡子謂左右曰：『車席泰美。夫冠雖賤，頭必戴之；履雖貴，足必履之。今車席如此，太美，吾將何履以履之？夫美下而耗上，妨義之本也。』又記載費仲曰：「冠雖穿弊，必戴於頭，履雖五采，必踐之於地。」頁 691。
141 《韓非子・忠孝篇》：「今舜以賢取君之國，而湯武以義放弒其君，此皆以賢而危主者也，而天下賢之。…故人臣勿稱堯舜之賢，勿譽湯武之伐，…盡力守法，專心於事主者為忠臣。」頁 1108-1109。
142 《韓非子・忠孝篇》，頁 1108。

私術，專意一行，具以待任。[143]

也就是人臣應「北面委質，無有二心。」「順上之為，從主之法，虛心以待令而無是非。」[144]甚至認為臣民輔佐君主，完全以君主的意向為依歸，不須具備是非判斷能力。如后稷、皋陶、伊尹、周公旦、太公望、管仲、隰朋、百里奚、蹇叔等賢臣，「皆夙興夜寐，卑身賤體」、「明刑辟，治官職」以事其君。進善言，則「不敢矜其善」；立事功，而「不敢伐其勞」，可稱作賢臣。至於許由、卞隨、務光、伯夷、叔齊之類，「見利不善，臨難不恐」，不慕厚賞，乃不畏嚴刑之不令之民，並非賢臣。若關龍逢、王子比干、吳子胥等，「疾爭諫以勝其君」、「陵其主以語」，乃死諫之臣。又齊田恆、宋子罕、魯季孫意如等，朋黨比周，乃「上逼君，下亂治」之亂臣。加上若周滑伯、豎刁、易牙、鄭公孫申等，乃「思小利而忘法義」、「揜蔽賢良以陰闇其主」的諂諛之臣，韓非多不能認同。[145]認為有臣若此，雖遇勝主尚可奪之，何況昏君。

至於遇不肖之君，韓非以為賢臣因應之策是：「君有過則諫，諫不聽則輕爵祿以待之，此人臣之禮義也。」[146]主張人臣對君主之責任只不過在勸諫，倘諫而不聽，亦只可輕爵祿遠其身而已。因此，類似孟子誅暴君如誅獨夫之說，

---

143 《韓非子‧有度篇》，頁 87。
144 《韓非子‧有度篇》，頁 87。
145 《韓非子‧說疑篇》，頁 917-919。陳麗桂，〈申、慎、韓的黃老思想——兼論田駢〉(《中國學術年刊》第十二期)，亦作此說明。
146 《韓非子‧難一篇》，頁 807。

韓非直斥為不肖。是以〈難一篇〉評師曠搖琴撞晉平公一
事乃大逆之術，[147]充份顯示韓非君主絕對化的尊君集權意
識。

---

147 《韓非子・難一篇》：「晉平公與群臣飲，飲酣，乃喟然嘆曰：『莫樂
為人君！唯其言而莫之違。』師曠侍坐於前，援琴撞之，公披衽而
避，琴壞於壁。公曰：『寡人也』師曠曰：『啞、是非君人者之言也！』
左右請塗之，公曰：『釋之，以為寡人戒。』…今師曠非平公之行，
不陳人臣之諫，而行人主之誅，舉琴而親其體，是逆上下之位，而
失人臣之禮也。」頁 806-807。

第五章　漢代邊防政策中的耕戰思想

第一節　前　言

　　法家的社會價值標準在耕戰，所謂「塞私道以窮其志，啟一門以致其欲。」[1]「啟一門」其意即是開啟耕戰一個途徑，「塞私道」則是杜絕耕戰之外的求利途徑，政策主導「作壹而得官爵」。[2]在此體系下人民非農即兵，稱之為「耕戰有益之民」，[3]視之為「公利」。[4]貴生之士、文學之士、有能之士、辯智之士、驍勇之民及任譽之士，稱之為「姦偽無益之民」。[5]無益之民以其無益於耕戰的推行，而視之為「私譽」。[6]

　　法家重耕戰和學說強調國力以及趨利的人性理解有關，商鞅有兩段話：

1　《商君書・說民篇》，頁 23。
2　《商君書・農戰篇》說：「凡人主之所以勸民者，官爵也；國之所以興者，農戰也。今民…善為國者，其教民也，皆作壹而得官爵。」所謂「壹」即專壹於耕戰之意。頁 10。
3　《韓非子・六反篇》，頁 948。
4　《韓非子・八說篇》，頁 974。
5　《韓非子・六反篇》，頁 948。
6　《韓非子・八說篇》，頁 973。

國之所以重，主之所以尊者，力也。於此二者，力
本。[7]

見言談游士事君之可以尊身也，商賈之可以富家也，
技藝之足以糊口也，民見此三者之便且利也，則必避
農，避農則民輕其居，輕其居則必不為上守戰也。[8]

上述之意是從計慮心的角度考慮人民往往有利之中取
大、害之中取小的求己利心理。[9]在耕戰是國力根本的前提
下，如何避免人民取易去難，偏愛從事言談、商賈、技藝
等行業呢？也就是法家學說排斥談說、處士、勇士、技藝
之士和商賈之士等五民，[10]而表現了非農即兵「耕戰合一」
的學說特色。

第二節　漢代邊防政策與法家
「耕戰合一」的關係

法家「耕戰合一」的內容見於《商君書》的〈徠民篇〉，
文中有一段話是：

夫秦之所患者，興兵而伐，則國家貧；安居而農，則

7　《商君書・慎法篇》，頁 90。
8　《商君書・農戰篇》，頁 13-14。
9　《商君書・算地篇》：「民生則計利，死則慮名。」頁 27。
10　《商君書・算地篇》，頁 27-28。

敵得休息，此王所不兩成也。故四世戰勝而天下不
服。今以故秦事敵，而使新民作本，兵雖百宿於外，
境內不失須臾之時，此富彊兩成之效也。[11]

「故秦」指秦國原有的人民，「新民」指新移入的三晉
人民。其意說明秦國所憂患的是興兵征伐則國家貧困，安
居務農則敵國得以休息，興兵與務農之間不能兩全。商鞅
建議以秦國原來的人民征伐敵人，以新移入的三晉人民從
事農業，兵甲雖長久在外作戰，國境內的農事時間也不會
受影響。而且商鞅所謂：

兵者，非謂悉興盡起也，論竟內所能給軍卒車騎，令
故秦兵，新民給芻食。[12]

上述提及興兵也不是盡發國內人民，是由秦人充當軍
卒，並由新移入人民供應軍隊人畜所用的糧食和草料。倘
若商鞅未提出此理念，後代軍事家也可能會有「耕戰合一」
的構想。不過商鞅已開其先例，秦孝公也成功的征伐西戎、
平定六國，又於孝公十二年(西元前三五０年)第二次變法，
有「為田開阡陌封疆」[13]的貢獻。

由人民自由「開阡陌」墾地並歸為己有，生產力決定
於個人的努力與否，[14]在此情況下，奢侈怠惰通常成為貧窮
者。韓非說：

11　《商君書・徠民篇》，頁 55。
12　《商君書・徠民篇》，頁 55-56。
13　《史記・商君列傳》，頁 893。
14　這是一種解放生產力。馮友蘭，《中國哲學史新編》(台北：藍燈文化
　　公司，1991 年出版)，第二冊，頁 488。

> 今世之學士語治者多曰：「與貧民地以實無資。」今
> 夫與人相若也，無豐年旁入之利而獨以完給者，非力
> 則儉也。與人相若也，無饑饉疢疾禍罪之殃，獨以貧
> 窮者，非侈則墮也。侈而墮者貧，而力而儉者富。今
> 上徵斂於富人以布施於貧家，是奪力儉而與侈墮也，
> 而欲索民之疾作而節用，不可得也。[15]

其意是分配給予貧民土地無異是剝奪力而儉者的財
富，對於農耕並無鼓勵作用，又對力農者產生傷害。韓非
反對的用意不外是要貧惰者開墾耕作以提高生產率，因而
對不費力而獲得分配土地持否定態度，此觀念甚至延伸有
反對賑濟的言論。[16]

法家如何推行「耕戰合一」構想呢？商鞅和韓非有「壹
賞」的方式。商鞅有：「有軍功者，各以率受上爵，…明尊
卑爵秩等級，各以差次；名田宅臣妾衣服，以家次。」[17]「商
君之法：斬一首者爵一級，欲為官者為五十石之官；斬二
首者爵二級，欲為官者為百石之官。官爵之遷與斬首之功
相稱也。」[18]也就是「利祿官爵摶出於兵，無有異施」[19]的
「壹賞」措施。

---

15 《韓非子・顯學篇》，頁 1089。
16 於《韓非子・難二篇》，頁 821。文中以齊桓公酒醉遺冠而恥之，因「發
　　困倉賜貧窮者」，「論囹圄出薄罪」以雪恥，韓非認為桓公發倉困而賜
　　貧窮「是賞無功也」，審判罪犯釋放輕罪，「是不誅過也」，二者不合
　　於義。
17 《史記・商君列傳》，頁 893。
18 《韓非子・定法篇》，頁 907。
19 《商君書・賞刑篇》，頁 59。

　　雖然韓非曾評商鞅依軍功進爵的主張，說是「不當其能」，「官爵之遷與斬首之功相稱」，是「以勇力之所加而治智能之官」。[20]壹賞方式有不適當處，但韓非仍以耕戰貢獻為受賞標準，主張：「斬敵者受賞」，[21]以耕戰貢獻的大小，決定獎勵的有無及大小。他認為：

> 耕之用力也勞，而民為之者，曰：可得以富也。戰之為事也危，而民為之者，曰：可得以貴也。[22]

　　上述觀念有運用人性好利心理來驅使人民的用意，使「動作者歸之於功，為勇者盡之於軍。」[23]秦代軍事賞罰即以尚首功和連坐法聞名。

　　法家「耕戰合一」對於漢代移民屯墾和守邊備塞有一定程度的影響。以下就漢代移民屯墾的建議、屯田的作用和守邊備塞等分析：

一、移民屯墾的建議

　　文帝十一年，晁錯上〈守邊備塞疏〉、〈募民相徙以實塞下疏〉[24]和〈勸民力本疏〉[25]，其中建議移民實邊的要點與法家有關部分如下：

20　《韓非子‧定法篇》，頁 907-908。
21　《韓非子‧五蠹篇》，頁 1058。
22　《韓非子‧五蠹篇》，頁 1067。
23　《韓非子‧五蠹篇》，頁 1067。
24　《漢書‧晁錯傳》，頁 2283-2289。
25　《漢書‧食貨志》，頁 1128-1134。

(一)徙民應募和輸粟至邊塞

邊地的環境不同於內地，所以對於徙邊的地點是要先計劃，「觀其草木之饒，然後營邑立城，製里割宅。」[26]移民的來源晁錯建議：

> 先為室屋，具田器，乃募罪人及免徒、復作，令居之。不足，募以丁奴婢贖罪及輸奴婢欲以拜爵者。不足，乃募民之欲往者。[27]

> 令民入粟受爵至五士大夫以上，乃復一人耳。此其與騎馬之功相去遠矣。……使天下入粟於邊，以受爵、免罪，不過三歲，塞下之粟必多矣。[28]

上述徙邊者或募罪人、免徒者、復作、奴婢或一般人民，為鼓勵屯田邊塞，有築室、置田器等安排，並授予爵位或贖罪，對於境內人民輸粟於邊塞也給予受爵或免罪的獎賞。這與商鞅的「軍功拜爵」觀念相通，秦法規定：

> 能得爵(甲)首一者，賞爵一級，益田一頃，益宅九畝，一除庶子一人，乃得入兵官之吏。[29]

也就是士兵作戰殺死一甲士，可得賞爵一級，得田宅，役使庶子，並取得在軍隊中作官的資格。韓非也主張：

> 夫陳善田利宅，所以屬戰士也。[30]

26　〈募民相徙以實塞下疏〉，《漢書‧晁錯傳》，頁 2288。
27　〈守邊備塞疏〉，《漢書‧晁錯傳》，頁 2286。
28　〈勸民力本疏〉，《漢書‧食貨志》，頁 1134。
29　《商君書‧境內篇》，頁 73-74。
30　《韓非子‧詭使篇》，頁 940。

夫上所以陳良田大宅、設爵祿，所以易民死命也。[31]

其意是移民邊地屯田有利於戰士，但又不同於軍功，而是以室屋、田地等生活安排和拜爵或贖罪等獎勵，對初行屯田有一定幫助。

(二)組織邊民，訓練邊民

> 使五家為伍，伍有長；十長一里，里有假士；四里一連，連有假五百；十連一邑，邑有假侯。皆擇其邑之賢材有護，習地形知民心者，居則習民於射法，出則教民於應敵，故卒伍成於內，則軍正定於外。居則服習以成，勿令遷徙。幼則同游，長則共事。夜夜聲相知，則足以相救；畫戰目相見，則足以相識；驪愛之心，足以相死。如此而勸以厚賞，威以重罰，則前死不還踵矣。[32]

上述組織邊民有伍、里、連、邑等單位，這與商鞅什伍制度相通。商鞅新法戶口編制採什伍制度，負連帶責任，主張「令民為什伍，而相牧司連坐。」[33]又說：「其戰也，五人束薄為伍，一人死而剄其四人。」[34]所謂「束薄」有合登冊籍之意，是將什伍制運用於軍隊組織中，並將賞罰與共的「連坐」作為什伍制的重心。漢代參考前代文獻，以

---

31 《韓非子・顯學篇》，頁 1090。
32 〈募民相徙以實塞下疏〉，《漢書・晁錯傳》，頁 2289。
33 《史記・商君列傳》，頁 892-893。
34 《商君書・境內篇》，頁 71。

五家為一單位，教以軍事技能，人與人、家與家長年相處，成為互相扶持的共同體外，又「勸以厚賞，威以重罰」，這點與法家連坐的什伍制類似。是以具有厚賞重罰的強制性的制度，施行於邊民屯田組織中。

二、屯田的作用

　　晁錯上移民屯墾的建議在文帝時可能已獲實踐，[35]在武帝元朔二年之後(西元前一二七年)屯田推行不斷進展：有朔方屯田、設置武威、酒泉、張掖、敦煌四郡。[36]輪臺屯田、依循屯田、車師屯田等。移民屯田有兵民合一以防守邊境、開墾邊地作用，就地生產農作物也可省內地轉輸之費。舉桑弘羊的〈輪臺屯田奏〉為例：

> 自武帝初通西域，置校尉屯田渠犁。是時軍旅連出，師行三十二年，海內虛耗。...而搜粟都尉桑弘羊與丞

35　「武帝元朔二年伐匈奴，取河南地後，我們發現屯田突然隨著邊疆的軍事發展而大規模進行。這情形很可能像烽火臺放煙火訊號一樣，在被人看見以前，煙火早已在爐裏燒好了。所以武帝元朔二年以前之不見關於屯田的記載，與其因此而懷疑屯田的存在，則毋寧認為河套之戰的勝利使長期默默耕耘的屯田事業得到了揭揚的機會」。晁錯意見在文帝時已付諸實行之可能性極高。參見管東貴〈漢代的屯田與開邊〉一文，收錄於《中央研究院歷史語言研究所集刊》四十五卷第一期，頁 32。

36　漢河西四郡之設置年代，《漢書・武帝紀》及〈地理志〉記載不一致。〈武帝紀〉記載元鼎六年(西元前一一一年)分武威、酒泉地，置張掖、敦煌郡。〈地理志〉記載太初元年置武威、酒泉地，太初四年置武威郡。參見施之勉，〈河西四郡建置考〉，《大陸雜誌》第三卷五期。

相、御史奏言：「故輪臺以東，捷枝、渠犁皆故國，
地廣，饒水草有溉田五千頃以上，處溫和，田美，可
益通溝渠，種五穀，與中國同時孰。…臣愚以為可遣
屯田卒詣故輪臺以東，置校尉三人分護，各舉圖地
形，通利溝渠，務使以時益種五穀。張掖、酒泉遣騎
假司馬為斥侯，屬校尉，事有便宜，因騎置以聞。田
一歲，有積穀，募民壯健有累重敢徙者詣田所，就畜
積為本業，益墾溉田，稍築列亭，連城而西，以威西
國，輔烏孫為便。[37]

　　上述奏章建議遠戍邊地的軍隊至輪臺以東有水草可灌
溉之地開墾，一年後收穫供消耗仍有積穀後，再招募勇壯
而有家室者前往，繼續開墾新田及開發灌溉系統，並逐漸
向西構築亭障以穩定邊地控制西域各國。當時武帝並未採
其建議，昭帝時乃採桑弘羊建議屯田輪臺。

　　桑弘羊的〈輪臺屯田奏〉有寓兵於農的構想，遠戍邊
地軍隊就地灌溉田地生產，有積穀之後又招募勇壯有家室
有軍隊駐守或興兵作戰，又有新一批移民開墾土地和繁衍
後代，正如商鞅所說的「以故秦事敵，而使新民作本，兵
雖百宿於外，境內不失須臾之時，此富彊兩成之效也。」[38]
的耕戰合一觀念相通。

---

37 《漢書・西域傳》，頁 3912。
38 《商君書・徠民篇》，頁 55。

三、守邊備塞的積極態度

　　漢代邊患有匈奴、烏桓、西羌等，其中對於匈奴的征伐最早，所以以對匈奴的防守為例，匈奴於戰國中期已開始活躍，秦始皇帝統一天下，派大將蒙恬率軍三十萬，驅匈奴修築長城，建立四十四處要衝地，駐大軍防守，以阻匈奴人南侵。這一措施，便嚴格地區分華、夷的活動範圍，長城以南，是漢族為主的農業社會，而北方是游牧民族的天下。[39]至秦二世胡亥立位，蒙恬被害，匈奴又重新侵入河套地區。楚漢相爭之際，匈奴冒頓單于坐大，漢高祖與匈奴對陣，即遭平城之困。[40]至武帝對外政策由消極轉為積極，改變了與匈奴的劣勢關係，並以武力替代和親。

　　武帝本身雄才大略有滅胡之志，其思想有法家傾向，以李將軍的事件為例，《史記》記載：

39　《史記·匈奴列傳》：「秦滅六國，而始皇帝使蒙恬將十萬之眾北擊胡，悉收河南地，因河為塞，築四十四縣城臨河，徙適戍以充之，而通直道，自九原至雲陽，因邊山險，塹谿谷，可繕者治之，起臨洮至遼東萬餘里。又渡河據陽山北假中。當是之時，東胡彊而月氏盛。匈奴單于曰頭曼，頭曼不勝秦，北徙。十餘年而蒙恬死，諸侯畔秦，中國擾亂，諸秦所徙適戍邊者皆復去，於是匈奴得寬，復稍度河南，與中國界於故塞。」頁 1187。

40　漢高祖七年(西元前二百年)，冒頓單于率大軍圍攻代郡馬邑，韓王信降匈奴，匈奴因引兵南踰句注，攻太原至晉陽下。高祖親率大軍三十萬往擊匈奴。冒頓佯敗走，高祖追之，不幸中計，被冒頓大軍圍困於平城之白登，內外不得相救餉，達七日之久。參見《史記·匈奴列傳》，頁 1190。

廣以衛尉為將軍出鴈門擊匈奴，匈奴兵多，破敗廣
軍，生得廣。單于素聞廣賢，令曰：「得李廣必生致
之」。胡騎得廣，廣時傷病。置廣兩馬間絡，而盛臥
廣，行十餘里。廣詳(佯)死，睨其旁有一胡兒騎善馬，
廣暫騰而上，胡兒馬，因推墮兒，取其弓，鞭馬南馳
數十里，復得其餘軍。因引而入塞，…於是至漢，漢
下廣吏，吏當廣所失亡多，為虜所生得，當斬，贖為
庶人。[41]

　　上述匈奴生擒李廣，以機智和矯健技術才得以脫困，
武帝應以尚能保有李廣這位仁愛士卒又驍勇善戰人才而高
興，出人意料的是「當斬，贖為庶人」。司馬遷描寫李廣逃
脫匈奴的過程的生動細膩，亦是襯托武帝的嚴峻，奮戰沙
場的戰士偶觸刑章往往棄屍刑場。元狩四年(西元前一一九
年)李廣隨大將軍衛青、驃騎將軍霍去病出擊匈奴，大將軍
命李廣率領前軍部隊與右將軍趙食其部隊會合，從東道出
發，結果於沙漠中迷路。後果是李廣被殺，趙食其「下吏，
當死，贖為庶人。」[42]表現了漢武帝對有功將軍殘刻、法紀
森嚴的一面，[43]可推測武帝本人具有法家意識。

　　以下並從主戰的大臣言論和思想背景中分析與法家學

---

41 《史記‧李將軍列傳》，頁1180。
42 《史記‧李將軍列傳》，頁1182。
43 《漢書‧刑法志》記載：「及至孝武即位，外事四夷之功，內盛耳目
　　之好。徵發煩數，百姓貧耗。窮民犯法，酷吏擊斷，姦軌不勝。於是
　　招進張湯、趙禹之屬，條定法令，…律令凡三百五十九章，大辟四百
　　九條，千八百八十二事，死罪決事比萬三千四百七十二事。文書盈於
　　几閣，典章不能遍睹，是以郡國承用者駮，或罪同而論異。」頁1101。

說相通之處：

(一)晁錯的主戰言論和思想基礎

文帝與匈奴和親「與通關市，妻以漢女，厚贈其略，歲以千金」[44]，北疆並未因此而安寧，於是有朝軍事發展的趨向，《漢書》記載：

> 文帝中年，赫然發憤，遂躬戎服，親御鞍馬，從六郡良家材力之士，馳射上林，講習戰陣。聚天下精兵，軍於廣武。顧問馮唐，與論將帥。[45]

上述文帝策略的轉變與謀臣建議有關。晁錯曾上文帝〈言兵事書〉，[46]魯迅於《漢文學史綱要》中將其列為「西漢鴻文」之一，[47]稱贊其在邊疆問題上的深識。〈言兵事書〉的內容要點如下：

一是陳述匈奴趨使軍隊「攻城屠邑，毆略畜產」、「殺吏卒，大寇盜」的侵擾，兵民已同仇敵愾，「起破傷之民」，可以「當乘勝之匈奴」。[48]

二是分析了漢匈雙方軍隊的特點：匈奴軍隊長處是戰馬能上山下坡，出入山澗溪流，士卒善於騎射，能耐風雨疲敝及飢渴。漢軍長處是在平原地善於車戰、善用強弓長

---

44 《漢書·匈奴傳》贊，頁 3831。
45 《漢書·匈奴傳》贊，頁 3831。
46 《漢書·晁錯傳》，頁 2278。
47 魯迅，《漢文學史綱要》第七篇。收入《魯迅全集》第九冊(北京：人民文學出版社，1991 年出版)，頁 391。
48 《漢書·晁錯傳》，頁 2278-2279。

戟，戰時隊列嚴整、戰術靈活，弓箭射手動作迅猛，又善
於馬下戰鬥，短兵相接。由此看來，匈奴長技少，漢軍長
技多。加以漢軍在數量上占優勢，所謂「數十萬之眾，以
誅數萬之匈奴」，認為已具備戰勝匈奴的條件。[49]

　　晁錯認同法家，贊揚秦始皇「財用足，民利戰」，[50]學
術淵源也和法家有關。早年「學申商刑名於軹張恢生所」，
[51]上書陳太子教育強調「術」的重要，他說：

> 人主所以尊顯，功名揚於萬世之後者，以知術數也。
> 故人主知所以臨制臣下而制其眾，則群臣畏服
> 矣。……竊觀上世之君，不能奉其宗廟而劫殺其臣
> 者，皆不知術數者也。[52]

　　文中表達他認同法家使「群臣畏服」的君王南面之術，
也得文帝信任，拜為太子家令，並稱作「智囊」。[53]晁錯上
文帝〈言兵事書〉有助於文帝邊防上的軍事發展。

49　《漢書・晁錯傳》記載：「上下山阪，出入溪澗，中國之馬弗與也；
　　險道傾仄，且馳且射，中國之騎弗與也；風雨罷勞，飢渴不困，中國
　　之人弗與也；此匈奴之長技也。若夫平原易地，輕車突騎，則匈奴之
　　眾易撓亂也；勁弩長戟，射疏及遠，則匈奴之弓弗能格也；堅甲利刃，
　　長短相雜，游弩往來，什伍俱前，則匈奴之兵弗能當也；材官騶發，
　　矢道同的，則匈奴之革笥木薦弗能支也；下馬地鬥，劍戟相接，去就
　　相薄，則匈奴之足弗能給也，此中國之長技也。」頁 2281。
50　《漢書・晁錯傳》，頁 2296。
51　《漢書・晁錯傳》，頁 2276。
52　《漢書・晁錯傳》，頁 2277。
53　《漢書・晁錯傳》，頁 2278。

(二)王恢主戰的思想基礎

漢代對匈奴大加撻伐起自武帝元光二年，武帝曾諮詢公卿曰：「朕飾子女以配單于，金幣文繡賂之甚厚，單于待命加嫚，侵盜亡已，邊境被害，朕甚閔之，今欲舉兵攻之，何如？」[54]會議中王恢主戰而韓安國主和，雙方也展開激烈辯爭。王恢說：

> 臣聞五帝不相襲禮，三王不相復樂，非故相反也，各因世宜也。[55]

上述王恢以因時制宜的觀念與韓安國論爭，並舉秦繆公都雍為例，「地方三百里，知時宜之變，攻取西戎，辟地千里，并國十四，隴西、北地是也。」[56]贊美秦國功績外，因時制宜與法家進化觀念相似。法家說：

> 三代不同禮而王，五霸不同法而霸。…前世不同教，何古之法？帝王不相復，何禮之循？…各當時而立法，因事而制禮。禮法以時而定，制令各順其宜。[57]
> 聖人不期脩古，不法常可，論世之事，因為之備。[58]
> 世異則事異，事異則備變。[59]

其意說明時勢不同不必師法過去，也不必依循現在，應世方法有隨時勢變遷而修改的彈性。由上可見，王恢陳

54　《漢書・武帝紀》，頁 162。
55　《漢書・韓安國傳》，頁 2400。
56　《漢書・韓安國傳》，頁 2401。
57　《商君書・更法篇》，頁 2-4。
58　《韓非子・五蠹篇》，頁 1040。
59　《韓非子・五蠹篇》，頁 1042。

述主戰的原因與法家歷史觀相通。

(三)張湯主戰的思想基礎

《史記・酷吏列傳》記載武帝伐匈奴，匈奴向漢朝請和，武帝和群臣開會討論。博士狄山主張言和，張湯認為和親是「愚儒，無知」。[60]張湯反對和親與法家尚力學說有關。基本上，張湯是一位崇尚刑名之學的法家人物，《史記》記載：

> 張湯用峻文決理為廷尉，於是見知之法生，而廢格沮誹窮治之獄用矣。其明年，淮南、衡山、江都王謀反跡見，而公卿尋端治之，竟其黨與，而坐死者數萬人，長吏益慘急而法令明察。[61]

文中所謂「見知之法」是一種連坐法，是官吏明知官僚犯法而不檢舉者與犯人同罪，漢法因而益加嚴刻又牽連多人。其思想及行事有法家作風，對於匈奴的主戰態度，應受法家思想影響。

---

60 《史記・酷吏列傳》：「匈奴來請和親，群臣議上前，博士狄山曰『和親便。』上問其便，山曰：『兵者凶器，未易數動。高帝欲伐匈奴，大困平城，乃遂結和親。孝惠、高后時，天下安樂。及孝文帝，欲事匈奴，北邊蕭然若兵矣。孝景時，吳、楚七國反，景帝往來兩宮間，寒心者數月，吳楚已破，竟景帝不言兵，天下富實。今自陛下舉兵擊匈奴，中國以空虛，邊民大困貧。由此觀之，不如和親。』上問湯，湯曰：『此愚儒，無知。』」頁 1297。
61 《史記・平準書》，頁 527。

(四)鹽鐵論大夫主戰的思想基礎

　　漢昭帝始元六年(西元前八十一年)，召開鹽鐵會議。由於鹽鐵官營的政策與軍旅的費用問題相連繫，桑弘羊等大夫與賢良文學針對如何應對匈奴騷擾，也曾進行論爭。大夫一派主張撻伐匈奴：

> 今匈奴蠶食內侵，遠者不離其苦，獨邊境蒙其敗。…不征備則暴害不息，故先帝興義兵以征厥罪。[62]
>
> 夫漢之有匈奴，譬若木之有蠹，如人有疾，不治則寖以深，故謀臣以為擊奪以困極之。[63]

　　至於賢良之士則不主張用兵，而強調以德服人。[64]基本上，大夫言論多來自法家，賢良文學則受儒家影響。大夫一派對商鞅、韓非、吳起、申不害等法術之士多持肯定態度，認為「申商以法彊秦韓。」[65]「商君…以彊國之道，卒以就功。…商君雖革法改教，志存於彊國利民。」[66]對於堯舜及孔孟思想多持負面評價，認為「道堯舜之德，無益於治。」[67]至於賢良文學多尊崇堯舜孔孟而質疑吳起商韓，曾

62　《鹽鐵論‧誅秦篇》，頁 488。
63　《鹽鐵論‧世務篇》，頁 507。
64　《鹽鐵論‧本議篇》說：「古者貴以德而賤用兵。孔子曰：『遠人不服，則修文德以來之，既來之則安之。』今廢道德而任兵革，興師而伐之，屯戍而備之，暴兵露師以支久長。轉輸糧食無已，使邊境之世饑寒於外，百姓勞苦於內。立鹽鐵，始張利，官以給之，非長策也。故以罷之為便也。」頁 2-3。
65　《鹽鐵論‧申韓篇》，頁 579。
66　《鹽鐵論‧論儒篇》，頁 150。
67　《鹽鐵論‧遵道篇》，頁 292。

說：「商鞅反聖人之道，變亂秦俗，其後政耗亂而不能治。」
[68]

　　大夫尚力為重法派，賢良文學尚德為重儒派，在此前提下，大夫等人的主戰言論與法家應有某程度的相通。

　　上述漢代邊防政策受法家思想影響，而且武帝時期發動征伐匈奴的戰役頻繁，[69]其中元朔元年至元狩四年之間的戰果最輝煌，匈奴不敢冒然進犯邊境，曾有「幕南無王庭」[70]的成果。由當時戰役的次數和規模可推測武帝急於建立富國強兵的顯著成效，國土擴充有致力戰勝而不惜犧牲民力的現象。這與秦孝公實行「耕戰合一」平定六國、建立功

68　《鹽鐵論・申韓篇》，頁579。
69　(1)元光二年：漢馬邑設伏，誘擊匈奴未果。
(2)元光六年：漢使衛青等四起，擊匈奴未果，獨衛青一路有斬獲。
(3)元朔元年：匈奴二萬騎寇邊，漢使衛青等將三萬騎反擊。
(4)元朔二年：匈奴犯上谷、漁陽，衛青等將騎數萬，包圍河南地，樓煩、白羊王敗落而殲之，復秦故地。
(5)元朔四年：匈奴以九萬騎侵代、上郡、朔方等郡。
(6)元朔五年：漢使衛青等十萬騎，遠襲右賢王庭於漠北殲之。
(7)元狩二年：漢使霍去病萬騎擊河西匈奴大破之。漢使霍去病等掃蕩河西，盡取河西走廊之地。
(8)元狩四年：漢使衛青、霍去病各率精騎五萬，分兩縱隊對匈奴掃蕩，大破之，直攻至今外蒙古庫倫而還。
(9)元鼎六年：漢遣公孫賀、趙破奴各率騎萬餘，以匈奴河水、浮沮井為目標，設四郡，聯月氏、人夏以脅使匈奴降服，幾經圖謀無功。
(10)太初二年：漢遣趙破奴至浚稽山迎降，反為匈奴所殲滅。
(11)天漢二年：漢遣李廣利等四將軍進攻天山，先勝後敗。
(12)天漢四年：漢遣李廣利等四將軍進攻匈奴於涿邪山，無功而還。
(13)征和三年：匈奴入侵五原、酒泉，漢遂遣李廣利等三將軍，兵十餘萬，向匈奴做深遠的攻擊，李廣利將軍被殲於燕然山。以上參見《漢書・匈奴傳》，頁163-209。
70　《漢書・匈奴傳》，頁3770。

建立功業的心理相似。

韓非對秦國歷史經驗有深刻體會，曾說：

> 楚不用吳起而削亂，秦行商君法而富強。[71]

由於有「力多則人朝，力寡則朝於人，故明君務力。」[72]的體會，強調富強方法在崇尚耕戰，甚而「甲兵折挫，士卒死傷，而賀戰勝得地者，出其小害，計其大利也。」[73]這種以戰勝為大利，不考慮甲兵士卒犧牲的觀念，便多以發動戰役來爭勝了。武帝時期戰爭次數多也反映統治者具有法家務力以強國的意識。

第三節　「耕戰合一」學說的檢討

法家耕戰政策的利弊可以從漢代移民屯田和對外征伐二方面檢討：

一、移民屯墾有安頓流民作用

屯田的功能是利用邊區地利，移民就地生產，增加國家解決外患的力量。漢代屯田構想出自晁錯，至武帝時期漸受重視而發展。晁錯屯田構想中，收羅人力方法為「募

---

71 《韓非子・和氏篇》，頁 239。
72 《韓非子・顯學篇》，頁 1097。
73 《韓非子・八說篇》，頁 974-975。

民」，由奏疏言「乃募民之欲往者」及「貧民相募而勸往矣」
可知。至於晁錯全盤計劃在文帝時期曾實行至何種程度，
則未見文獻記載。武帝時屯田則始於元朔二年(西元前一二
七年)，《史記》記載：

> 偃盛言：「朔方地肥饒，外阻河，蒙恬城之，以逐匈
> 奴，內省轉輸戍漕，廣　中國，滅胡之本也」。上覽其
> 說，下公卿議，皆言不便。公孫弘曰：「秦時常發三
> 十萬眾逐北河，終不可就，已而棄之」。主父偃盛言
> 其便，上竟用主父計，立朔方郡。[74]

主父偃提出朔方屯田，同年夏天即大舉移民。《漢書》
亦記載此次移民：

> (元朔二年春)，遣將軍衛青、李息出雲中，至高闕，
> 遂西至符離，獲首虜數千級。收河南地，置朔方、五
> 原郡。…夏，募民徙朔方十萬口。[75]

至元狩三年(西元前一二○年)，山東大水，又將七十
餘萬災民移向朔方一帶。《漢書》記載：

> 其明年，山東被水災，民多飢乏。於是天子遣使虛郡
> 國倉廩以振貧。猶不足，又募豪富人相假貸。尚不能
> 相救，乃徙貧民於關以西，及充朔方以南新秦中，七
> 十餘萬口，衣食皆仰給於縣官。數歲，貸與產業，使
> 者分部護，冠蓋相望，費以億計，縣官大空。[76]

---

74 《史記・平津侯主父列傳》，頁 1221。
75 《漢書・武帝紀》，頁 170。
76 《漢書・食貨志下》，頁 1162。

這次移民具有解決山東災荒問題的作用,但也形成「縣官大空」情形,其原因是:

> 只是武帝於大批流民產生後,方才想到護送其至邊區重建家園,既已失安民先機,又需在極短期內支應龐大的移徙、置產費用,當然會有心餘力絀之感。[77]

所以東漢崔寔肯定武帝元狩三年的屯田開墾意義時,同時也認知到應於流民發生前預先疏解貧民,他說:

> 今青徐兗冀,人稠土狹,不足相供,而三輔左右及涼幽州內附近郡,皆土曠人稀,厥田宜稼,悉不肎墾發。小人之情,安土重遷,竄就飢餓,無適樂土之慮。…今宜復遵故事,喜貧人不能自業者于寬地,此亦開草闢土振人之術也。[78]

所謂「遵故事」,即遵循武帝元狩三年徙山東貧民七十餘萬至朔方之事,遷移貧人到土曠人稀的邊地墾發,疏解境內人稠土狹的壓力。

二、大肆用兵,農民失時

農耕經濟,特別重視「民功」及「日力」。[79]所謂「日

---

77 羅彤華,《漢代的流民問題》(台北:學生書局,1989 年出版),頁 228。
78 (清)嚴可均校輯,《全後漢文》(北京:中華書局,1985 年出版),卷四十六〈崔寔〉,頁 726-727。
79 《潛夫論‧愛日》:「民之所以為民者,以有穀也,穀之所以豐殖者,以有人功也。功之所以能建者,以日力也。治國之日舒以長,故其民間暇而力有餘;亂國之日促以短,故其民困務而力不足。」(漢)王符

力」指農民工作的時間及勞動力，統治者若愛惜民力則民日長，反之則民力短，天災、官府之繁擾苛察、公卿師尹之貪瀆無能、吏治不良訴訟不公以及徭役賦稅之輕重多寡等因素多有損於農民的工作時間和勞動力，[80]甚至將處於「無日」的困境。

至於戰亂對百姓日力的傷害尤多，形成「農功消於轉運，資財竭於徵發，田疇不得墾闢，禾稼不得收入，搏手困窮，無望來秋，百姓力屈，不復堪命。」[81]尤其為因應戰爭的需要大收壯男，例如文帝因匈奴之患，役及五尺之童。[82]武帝大興兵戎，五、六十歲的除役者也和子孫並肩服役。[83]王莽時群盜叛亂，十八歲以上亦受徵調。[84]雖是「耕戰合一」的構想，但是人民繇役沉重，尤其軍役奪去農時，兵役連年、壯丁徵調，如何能從事農耕生產呢！正是「外事四夷，內興功利，役費並興，而民去本。」[85]的現象。

著，(清)汪繼培箋，《潛夫論箋校正》(北京：中華書局，1985 年出版)，頁 210。

80　劉文起，《王符潛夫論所反映之東漢形勢》(台北：文史哲出版社，1995 年出版)，頁 118 至 120 及頁 151 至 156。

81　《後漢書・龐參傳》，頁 1687。

82　《漢書・賈誼傳》賈誼上疏曰：「今西邊、北邊之郡，雖有長爵不輕復除，五尺以上不輕得息。」如淳注：「五尺謂小兒也。言無大小皆當自為戰備。」頁 2240。有關課役標準及年齡，參見杜正勝，〈編戶齊民的出現及其歷史意義〉一文，及羅彤華，《漢代的流民問題》頁 152 至 172。

83　《鹽鐵論・未通篇》，頁 192。

84　《漢書・王莽傳下》，頁 4172。

85　《漢書・食貨志上》，頁 1137。

三、厲行征戰，國庫空虛

《漢書》有一段記載：

> (武帝即位)干戈日滋，財賂衰耗而不贍入物者補官，…
> 其後府庫益虛，乃募民能入奴婢，得以終身復，為郎、
> 增秩，及入羊為郎始於此。…令民得買爵及贖禁錮免
> 罪。[86]

這段記載可見武帝時厲行征伐，國庫負擔沉重。例如
衛青率十餘萬眾擊胡，凡斬捕首虜的有功戰士受賜黃金達
二十餘萬斤，又兵甲轉漕費用大，漢軍兵馬死傷達十餘萬，
可說是損失慘重。[87]因戰事形成國庫空虛不足情形，勢必造
成人民賦稅的增加。而武帝更用賣官鬻爵的方式來彌補充
實國庫，用錢即可買官爵更造成官吏氾濫和升遷不公平現
象，影響層面就更加廣大了。

第四節　小　結

「耕戰合一」理念源自法家學說，著眼點在使民致力

86　《漢書‧食貨志下》，頁 1157。
87　《漢書‧食貨志下》：「衛青比歲十餘萬眾擊胡，斬捕首虜之士受賜黃
　　金二十餘萬斤，而漢軍士馬死者十餘萬，兵甲轉漕之費不與焉。…賦
　　稅既竭，不足以奉戰士。」頁 1159。

於農和戰。務農可以安民於壟畝，人民安土重遷生產力也不會流至國外。境內人民歸心於農，私利巧取不生，人民純樸也容易治理。農業收成可以供應邊地甲兵糧食所需，守備或戰事也無礙於境內農業的生產，人民非農即兵相互配合而能相輔相成。

所以經濟方面就講農功，抑商賈技藝等末事，在軍事上就尚首功。表面上看來是富家強國，但是事實上是集合民力並透過耕戰轉化成為國力，所關心的是成就霸業，並不是人民的富足。這從法家以名利官爵盡歸於耕戰的「壹賞」方法來引導，而忽略或壓抑其它各行各業自由發展的空間可推知。

更甚者，是法家為推行耕戰合一的社會而禁學，認為「民不貴學問則愚，愚則無外交，無外交則國勉農而不偷。」[88]防止人民有知識後，與國外連繫而影響國內的耕戰發展。所以「商鞅燔詩書而明法令，塞私門之請而遂公家之勞，禁游宦之民而顯耕戰之士。」[89]不啟發人民知識，可能會陷民於無文化修養的困境中。[90]

至於漢代邊防政策，晁錯的移民屯墾奏疏中徙民應募或組織邊民方法，與法家「軍功拜爵」「什伍制度」的立意

88　《商君書‧墾令篇》，頁 5。
89　《韓非子‧和氏篇》，頁 239。
90　《漢書‧賈誼傳》記載秦國「抱哺其子，與公並倨，婦姑不相說，則反唇而相稽。」頁 2244。

相通。招募奴婢貧民等開墾邊地，駐守軍隊所需糧食可就地灌溉生產，減低內地轉運費，遇有災荒又可安頓災民或流民，發揮耕戰相輔助的作用。關於統治者和主戰大臣的思想基礎，或有法家法紀嚴明的特色，或有法家重「術」的學術基礎，或有法家因時制宜的歷史觀念。武帝時的頻繁戰事尤其表現了法家務戰事致勝而不惜犧牲甲兵的現象。因而為應戰爭的需要大收壯丁，亦徵調體格年齡弱小者服役，損及農作的時間和勞動力。可推知耕戰合一的構想在鞏固邊防、移民墾荒有一定的幫助，國家對外敵作一定的防備與反擊也有其必要，然而倘若好大喜功而妄動興兵，則將造成農民失時現象，對於耕作的推動反而是弊多於利。

第六章　漢代經濟政策中的強本抑末思想

第一節　前　言

　　法家經濟方針是「強本抑末」，由於在尚力及進化歷史的前提下，對於社會經濟秩序的重構，側重在「使其商工游食之民少而名卑，以趣本務而少末作」[1]的主張。社會價值標準以農作為本務、工商為末作，同時人民也劃分為「耕戰有益之民」以及「姦偽無益之民」二種。[2]商鞅即列商賈之士為排斥的五民之一，[3]韓非亦視商工之民為五蠹之一，[4]二人也都有「利出壹空」的辦法來振興農業。這是出自政治考量的觀念，偏頗且忽略經濟發展的必然性。

　　這種「困末作而利本事」[5]社會價值觀的建構可上溯至

1　《韓非子・五蠹篇》，頁 1075。
2　《韓非子・六反篇》，頁 948。其中「姦偽無益之民」指貴生之士、文學之士、有能之士、辯智之士、磏勇之民及任譽之士。
3　《商君書・算地篇》，頁 28。
4　《韓非子・五蠹篇》，頁 1078。
5　《韓非子・姦劫弒臣篇》，頁 247。

李悝的「盡地力」和「平糴法」[6]。以「治田勤謹則畝益三升」[7]鼓勵盡地力，同時依農歲差異由中央適量買入穀類，避免百姓乘穀賤囤積居奇，饑饉時也可以糴入之穀賙濟民食，以平衡物價杜絕商人謀利。

　　商鞅也有「僇力本業耕織，致粟帛多者復其身。事末利及怠而貧者，舉以為收孥。」[8]的說法。「復其身」是相對於「收孥」而言。商鞅第二次變法，實行廢井田開阡陌的制度，在此之前井田制度未廢，公田仍存在，農民多是助耕奴隸。「復其身」也就是解除奴隸約束之意，對於已經游離出農村而「事末利」的工商之人，也給予「收孥」以供作役使或奴僕的處罰。[9]有以差等原則解放人民[10]，鼓勵農業的意義，也具有藉重農將流動社會穩定下來的貢獻，[11]

6　《漢書・食貨志上》記載：「是時李悝為魏文侯作盡地力之教；以為地方百里，提封九萬頃，除山澤邑居參分去一，為田六百萬畝，治田勤謹則畝益三升，不勤則損亦如之。」「糴甚貴傷民，甚賤傷農。民傷則離散，農傷則國貧。故甚貴與甚賤，其傷一也。善為國者，使民無傷，而農益勤。…善平糴者，必謹觀歲有上中下熟。…大熟則上糴三而舍一，中熟則糴二，下熟則糴一，使民適足，賈平則止。小饑則發小熟之所斂，中饑則發中熟之所斂，大饑則發大熟之所斂而糴之。故雖遇饑饉水旱，糴不貴而民不散，取有餘以補不足也。行之魏國，國以富強。」頁 1124-1125。

7　《漢書・食貨志上》，頁 1124。

8　《史記・商君列傳》，頁 893。

9　王曉波，〈商君與商君書的思想分析〉，收錄於《先秦法家思想史論》(台北：聯經出版公司，1991 年出版)，頁 148。

10　牟宗三，〈中國文化大動脈中現實關心問題〉，收錄於《中國文化的省察》(台北：聯經出版社，1983 年出版)，頁 96。

11　徐復觀，《兩漢思想史》(台北：學生書局，1985 年出版)，卷一，頁 120。

當然其中也是對商人的壓抑。《商君書‧墾令篇》有阻礙商業發展的法令，強制商人不得賤買貴賣穀物，課徵重租、重稅[12]、重勞役，使「多歲不加樂，饑歲無裕利」、「農惡商」、「農逸商勞」即是。

　　法家先導已形成「強本抑末」的主張並見諸行事，韓非在此基礎上的補足也不遺餘力。體認到「富國以農，距敵恃卒」[13]的重要，感慨「倉廩之所以實者，耕農之本務也，而綦組錦繡刻畫為末作者富」[14]的現象。在〈難二篇〉記載他分別從不誤農時、耕者努力、生產知識的提升、生產工具的改良、貨物流通增加產量、節用蓄積等方面提高農業生產力，[15]並反對「開阡陌」土地解放後發困倉賑濟不事生產者。[16]而贊成因勢利導，以高官厚祿獎勵農事。

---

12 《商君書‧墾令篇》：「貴酒肉之價，重其租，令十倍其樸。」頁7。
　　我國歷代的統治者實行酒榷(酒類官賣)及對酒類徵收重租，主要是為增加財政收入以佐國用，並不止於重農。參見馬宗申，《商君書論農政四篇注釋》(北京：農業出版社，1985年出版)。本文不主張此說法，按商鞅之言，一則指酒商從事農業，本人及家屬口糧轉由本身供給，將不費粟。再則說明釀酒需糧食作原料，酒商少，自然無費粟。商鞅對酒類課收重租應本於重農。

13 《韓非子‧五蠹篇》，頁1058。

14 《韓非子‧詭使篇》，頁939。

15 《韓非子‧難二篇》：「入多者，穰也。…舉世慎陰陽之和，種樹節四時之適，無早晚之失、寒溫之災，則入多。不以小功妨大務，不以私欲害人事，丈夫盡於耕農，婦人力於織紝，則入多。務於蓄養之理，察於土地之宜，六畜遂，五穀殖，則入多。明於權計，審於地形，舟車機械之利，用力少，致功大，則入多。利商市關梁之行，能以所有致所無，客商歸之，外貨留之，儉於財用，節於飲食，宮室器械，周於資用，不事玩好，則入多。入多，皆人為也。若天事，風雨時，寒溫適，土地不加大，而有豐年之功，則入多。」頁835。

16 《韓非子‧顯學篇》：「今世之學士語治者，多曰：『與貧窮地，以實

　　法家「強本抑末」策略有時代條件和學說本身務力觀念的支持，然而在「富商大賈，周流天下，交易之物，莫不通」[17]的趨勢下，「強本抑末」主張是否可行，則待商確。

第二節　漢代「強本抑末」政策與法家學說的關係

　　本文試從漢代經濟檢討法家「強本抑末」政策的落實現象。首先整理《史記》《漢書》以及漢代政論家的言論，論證漢代存在「強本」及「抑末」的政策。其次從「抑末」政策的目的性和「強本」政策的思想傾向，探討與法家學說之間的關聯。

　　《史記》有一段記載：

> 天下已平，高祖乃命賈人不得衣絲乘車，重租稅以困辱之。孝惠、高后時，…復弛商賈之律。然市井之子孫，亦不得仕官為吏。[18]

　　上述這段文字說明高祖時商禁甚嚴，商賈不得衣絲乘

無資』。今夫與人相若也，無豐年旁人之利，而獨以完給者，非力則儉也。與人相若也，無饑饉疾疫禍罪之殃，獨以貧窮者，非侈則惰也。侈而惰者貧，而力而儉者富。今上徵斂於富人，以布施於貧家，是奪力儉而與侈惰也，而欲索民之疾作而節用，不可得也。」頁1089。

17　《史記・貨殖列傳》，頁1357。

18　《史記・平準書》，頁525。

車，限制生活享受，有困辱商人地位的意味，惠帝及呂后時期稍有放寬，唯商人之子孫仍不能入仕為官。至於武帝天漢四年(西元九十七年)，曾徵發「七科謫」出征朔方。「七科謫」是七類有罪的人，[19]包括有罪之官吏、犯罪而逃亡者、贅婿、現行賈人、曾有市籍之人、父母有市籍以及大父母有市籍者。七項有罪之人的名單，與商人有關者即有四項之多。

上述是對商人消極的限制，此外，也有積極的抑商策略，歸納如下：

一、實行重稅政策

應劭說：「漢律，人出一算，算百二十錢。唯賈人與奴婢倍算。」[20]當時一般情形是一人出算賦一算，唯商人與奴婢每人二算，並對商人運輸工具車船課稅，武帝元光六年(西元前一二九年)施行「初算商車」，[21]李奇注：「始稅商賈車船，令出算。」[22]這是對商人車船課稅。再次，是徵收商人的財產稅，元狩四年(西元前一一九年)施行「初算緡

---

19 《漢書・武帝紀》張晏注：「吏有罪一，亡(人)(命)二，贅婿三，賈人四，故有市籍五，父母有市籍六，大父母有市籍七，凡七科也。」頁205。

20 《漢書・惠帝紀》應劭注，頁91。

21 《漢書・武帝紀》，頁165。

22 《漢書・武帝紀》，頁165。

錢」，[23]其具體作法，據臣贊說：

> 諸賈人、末作、貰貸、置居邑，儲積諸物，及商以取
> 利者，雖無市籍，各以其物自占，率緡算二千而一算。
> 此緡錢是儲錢也。故隨其用所施，施於利重者，其算
> 亦多也！[24]

上述所謂「算緡錢」是「有儲積錢者，計其緡貫而稅
之。」[25]是對商人積蓄現金的財產課徵稅。漢代算緡錢課稅
對象主要是商賈，按法令規定，商人必需「以其物自占」，
若有不實則罰「戍邊一歲」並「沒入緡錢」。[26]元鼎二年(西
元前一一五年)又獎勵人民告發不實者，據史書記載當時沒
入之「得民財物以億計，奴婢以千萬數。田，大縣數百頃，
小縣百餘頃，宅亦如之。」[27]

二、實施幣制改革

漢初人民可自由鑄造錢幣，其結果形成巨富，給商人
投機獲利的機會。實施幣制改革在避免商人暴富，《漢書》
記載：

> 湯承上指，請造白金及五銖錢，籠天下鹽鐵，排富商

---

23 《漢書·武帝紀》，頁 178。
24 《漢書·武帝紀》臣贊引《茂陵書》作注，頁 178。
25 《漢書·武帝紀》顏師古注，頁 178。
26 《史記·平準書》，頁 530。
27 《史記·平準書》，頁 532。

大賈。[28]

武帝元鼎四年 (西元前一一三年)確立了五銖錢之定制，[29]減低商人投機機會。

三、專賣鹽鐵酒及均輸平準法的實施

《史記・平準書》及《漢書・食貨志》記載東郭咸陽及孔僅，以大農丞專領鹽鐵之事。主張「募民，自給費，因官器作煮鹽，官與牢盆，…敢私鑄鐵器、煮鹽者，釱左趾，沒入其器物。」[30]天漢三年(西元前九十八年) 又行初榷酒酤之制，韋昭認為是「謂禁民酤釀，獨官開置，如道路設木為榷，獨取利也。」[31]因此，鹽鐵酒等生活必需品為國家專營事業，商人無法從此領域謀利。又元封元年 (西元前一一〇年)用桑弘羊行平準均輸法，[32]使「大農之諸官，盡籠天下之貨物，貴即賣之，賤則買之。如此，富商大賈，無所牟大利。」[33]商人的獲利範圍縮小。

上位者「抑末」有鞏固政權的企圖心，《史記》曾記載富商蓄養奴婢有聚眾結黨營私，圖謀個人利益之嫌，商賈勢力的擴大已對帝王造成衝突。例如：

28 《漢書・張湯傳》，頁 2641。
29 《漢書・食貨志下》，頁 1165。
30 《史記・平準書》，頁 529，及《漢書・食貨志下》，頁 1164。
31 《漢書・武帝紀》韋昭注文，頁 204。
32 《漢書・食貨志下》，頁 1174。
33 《史記・平準書》，頁 534。

> 秦破趙，遷卓氏，…致之臨邛，…即鐵山鼓鑄，運籌
> 策，富至僮千人，田池射獵之樂，擬於人君。[34]

　　上述商賈擁有大批奴婢可能形成的流弊是：「采鐵石、
鼓鑄、煮鹽，一家聚眾，或至千餘人，大抵盡收放流人民
也，…聚深山窮澤之中，成奸偽之業，遂朋黨之權。」[35]此
外《漢書》又記載吳王劉濞，曾「招致天下亡命者，盜鑄
錢，東煮海水為鹽，以故無賦，國用饒足。」[36]《太平御覽》
並載：

> 南兗州地，有鹽亭百二十三所，縣人以魚鹽為業，略
> 不耕種，擅利巨海，用致饒沃，公私商運，充實四遠，
> 舳艫千計，吳王所以富國強兵而抗漢室也。[37]

　　上述說明吳王的抗漢室與鹽鐵商人有關，且吳王所以
優待鹽鐵商人，可能利用商人的經營經驗，藉商人鞏固其
私人權力，以反對西漢政權。正反映了韓非所說的：商人
「上有天子諸侯之勢尊」「下有猗頓、陶朱、卜祝之富」[38]，
已造成國君掌握全國土地以及人力的衝突和隱憂，而抑商
有鞏固政權的用意，這與法家抑商在強國尊君的目的相通。
　　至於「強本」方面也有重要的措施：

34　《史記‧貨殖列傳》，頁 1362。
35　《鹽鐵論‧復古篇》，頁 78。
36　《漢書‧吳王濞傳》，頁 1904。
37　(宋)李昉，《太平御覽》(台北：新興書局，1959 年出版)卷一六九〈州
　　郡部十五‧楚州〉引〈南兗州記〉。
38　《韓非子‧解老篇》，頁 343。

(一)貴粟政策

漢代晁錯、賈誼曾提出「貴粟」的理念，二人貴粟的時代背景可以用晁錯的奏議來解釋：他說農夫「春耕、夏耘、秋穫、冬藏、伐薪樵、治官府、給繇役。春不得避風塵，夏不得避暑熱，秋不得避陰雨，冬不得避寒凍，四時之間亡日休息。…勤苦如此，尚復被水旱之災，急政暴虐，賦斂不時，朝令而暮改，當具有者，半賈而賣，亡者收倍稱之息，有賣田宅鬻子孫以償責者矣。」而商賈「大者積儲倍息，小者坐列販賣。操其奇贏，日游都市，乘上之急，所賣必倍。故其男不耕耘，女不蠶織，衣必文采，食必粱肉，亡農夫之苦，有阡陌之得，因其富厚，交通王侯，力過吏執，以吏相傾，千里游敖，冠蓋相望，乘堅策肥，履絲曳縞。」[39]這種農商貧富的懸隔，源自社會經濟發展從漢初開國「天子不能具醇駟，而將相或乘牛車」[40]，到文景時期「眾庶街巷有馬，阡陌之間成群。」[41]的變遷，商賈在自由競爭的經濟環境下嚴重影響了農業生計。

晁錯貴粟政策的內容是：

> 民務農，在於貴粟，貴粟之道，在於使民以粟為賞罰，今募天下入粟縣官，得以拜爵，得以除罪，如此富人有爵，農民有錢，粟有所渫，未能入粟以受爵，皆有餘者也，取於有餘，以供上用，則貧之賦可損，所謂

---

39 《漢書・食貨志上》，頁 1132。
40 《漢書・食貨志上》，頁 1127。
41 《史記・平準書》，頁 525。

　　損有餘補不足，令出而民利者也。[42]

　　上述文中所使用的方法是賦予糧食有「拜爵」及「除罪」的作用，使達到鼓勵務農的目的，發展至漢武帝有「入穀者補吏」、「量粟以贖罪」的辦法。[43]

　　有關入粟拜爵的主張可以上溯至商鞅，他說：

　　民有餘糧，使民以粟出官爵，官爵必以其力，則農不息。[44]

　　此外，耕與戰也多有獲得官爵的機會，商鞅說：

　　凡人主之所以勸民者，官爵也；國之所以興者，農戰也。今民…善為國者，其教民也，皆作壹而得官爵。[45]

　　文中所謂「壹」即耕戰之意，[46]「作壹而得官爵」就是以耕戰為本務的「壹賞」之法。至於韓非對於官爵可買表示憂心，他說：「今世近習之請行，則官爵可買，官爵可買則商工不卑也矣。」[47]認為商人多財富若可以買爵，官爵則多為商人所得，基本上反對買爵的原因仍在抑商。晁錯入粟拜爵所利者為農民，可能是參考商鞅及韓非說法後，修正此制度的弊端而成者。

42　《漢書・食貨志上》，頁 1133。
43　不過犯法得贖可說是皇權的擴大和濫用，武帝因闢地、縱嗜欲而用度不足，所形成的一時權宜之計。
44　《商君書・靳令篇》，頁 46。
45　《商君書・農戰篇》，頁 10。
46　《商君書・壹言篇》：「國務壹，則民應用。事本摶，則民喜農而樂戰。」之語可推知。頁 35。
47　《韓非子・五蠹篇》，頁 1075。

至於賈誼提出「重農輕金」政策，他認為農業為民生根本：

> 積貯者，天下之大命也，茍粟多而財有餘，何為而不成？以攻則取，以守則固，以戰則勝，懷敵附遠，何招而不至？[48]

賈誼「重農」也「輕金」，由於文帝五年頒布「除盜錢令，使民放鑄」，人民多棄農事而赴山採銅，賈誼以為不可行，他說：

> 今農事棄捐，而採銅日蕃，釋其耒耨，冶鎔炊炭，姦錢日多，五穀不為多。[49]

上引文意是說人民冶鎔鼓鑄惡幣日多，又釋其耒耜影響農業生產，因而反對人民棄農追逐金錢，力陳「上收銅勿令布，…銅畢歸於上。」[50]文帝並未採用賈誼主張，直到武帝元鼎四年以後，貨幣發行權才歸於政府而鑄造五銖錢。元狩六年六月下詔令：

> 日者有司以幣輕多姦，農傷而末眾，又禁以兼并之塗，故改幣以約之(五銖錢)。[51]

由上述可以證明賈誼有先見之明，人民鑄錢形成「幣輕多姦，農傷而末眾」[52]現象，改行政府採銅鑄錢，有使民歸農之意，賈誼策略這時才受到重視。

48　《漢書・食貨志上》，頁 1130。
49　《漢書・食貨志下》，頁 1155。
50　《漢書・食貨志下》，頁 1156。
51　《漢書・武帝紀》，頁 180。
52　《漢書・食貨志下》，頁 1163。

晁錯和賈誼的學術淵源和法家有關，晁錯早年「學申商刑名於軹張恢生所」，[53]《漢書》並記載他對「術」的重視：

> 人主所以尊顯，功名揚於萬世之後者，以知術數也。故人主知所以臨制臣下而制其眾，則群臣畏服矣。…竊觀上世之君，不能奉其宗廟而劫殺其臣者，皆不知術數者也。[54]

上述表達他認同法家使「群臣畏服」的君王南面之術。賈誼的學術背景《漢書》也記載：

> 河南守吳公，聞其秀材，召置門下，甚幸愛。文帝初立，聞河南守吳公治平為天下第一，故與李斯同邑，而嘗學事焉，徵以為廷尉。[55]

上述吳公既曾學事李斯，漢又徵之為主法之官，賈誼曾為吳公門下，曾受法家學說的薰陶。可以推測二人重農的理念以及策略自然與法家有不謀而合之處。

(二)平準均輸政策

桑弘羊於武帝元鼎二年(西元前一一五年)設置平準均輸，當時「為大農中丞，管諸會計事，稍稍置均輸，以通貨物。」[56]尚為試辦性質。至元封元年(西元前一一０年)桑

---

53 《漢書・晁錯傳》，頁2276。
54 《漢書・晁錯傳》，頁2277。
55 《漢書・賈誼傳》，頁2221。
56 《漢書・食貨志下》，頁1168。

弘羊被拔擢為治粟都尉，並領大司農，平準均輸始為重要方案。

　　平準均輸的具體內容是：各郡國應繳納之貢品，除京師所需照舊運京外，其他貢輸之物，不但多苦惡，耗費又大，得不償失。故一律改為當地出產豐饒而廉價之物產輸官，由輸官轉運至缺乏此物產之區販賣，可避免輸送貢物之煩雜，國家並可獲得利潤，全國經濟獲得改善。[57]賢良文學不贊成平準均輸政策的推行，昭帝始元六年(西元前八十一年)，賢良文學針於鹽鐵專賣等問題與桑弘羊展開論戰。賢良文學批評均輸平準是與民爭利，[58]桑弘羊答辯說明均輸是郡設輸官統一運輸，可節省運費，又可改善品質；平準則為國營商業，藉以平抑物價，國家則可取得富商大賈所得之商業利潤，又可抵制大企業家穫致暴利。[59]

　　均輸、平準的理念承自法家，如班固所說：「故管氏之

57　《漢書‧食貨志下》：「弘羊『以諸官各自市相爭，物故以騰躍，而天下賦輸或不償其僦費。乃請置大農部丞數十人，分部主郡國。各往往置均輸鹽鐵官。令遠方各以其物如異時，商賈所轉販者為賦，而相灌輸，置平準於京師，都受天下委輸。召工官治車諸器，皆仰給大農。大農諸官，盡籠天下之貨物，貴即賣之，賤則買之。如此，富商大賈亡所牟大利，則反本。而萬物不得騰躍。故抑天下之物，名曰平準。』天子以為然，而許之。」頁 1174-1175。

58　賢良文學說：「國有沃野之饒而民不足於食者，工商盛而本業荒也。有山海之貨而民不足於財者，不務民用而淫巧眾也。…排困市井，防塞利門，而民猶為非也，況上之為利乎？」《鹽鐵論‧本議》，頁 4。

59　桑弘羊說：「往者郡國諸侯各以其物貢輸，往來煩雜，物多苦惡，或不償其費。故郡置輸官以相給運，而便遠方之貢，改曰均輸。開委府於京，以籠貨物。賤即買，貴則賣。是以縣官不失實，商賈無所貿利，故曰平準。」《鹽鐵論‧本議》，頁 4。

輕重，李悝之平糴，弘羊均輸，壽昌常平，亦有從徠。」[60]
此外，需補充說明的是李悝之後的商鞅也曾以平糴法抑
商。他說：

> 商不得糴，則多歲不加樂，多歲不加樂，則饑歲無裕
> 利。無裕利則商怯，商怯則欲農。[61]

　　上述商鞅令「商無得糴」避免商人囤積居奇，「饑歲無
裕利」的環境下自然投入農業耕作，目的在抑商務農。而
李悝、桑弘羊目的在平衡物價，避免影響農民生計，二者
有程度上的差異。

　　至於桑弘羊的思想傾向，根據《鹽鐵論·雜論篇》列
舉鹽鐵論辯出席的代表人物有「賢良茂陵唐生，文學魯萬
生之倫，六十餘人」，御史大夫代表為桑弘羊等，[62]賢良文
學所持理論為「舒六藝之風」[63]，桑弘羊則嚴峻指出：「今
文學言治則稱堯、舜，道行則言孔、墨，授之政則不達。」
[64]顯然此次會議六十餘位賢良文學之士，多祖述仲尼之儒
生，桑弘羊等御史大夫多持法家論點。[65]所以可以說平準均

60　《漢書·食貨志下》，頁1186。

61　《商君書·墾令篇》，頁6。

62　《鹽鐵論·雜論》，頁613。

63　《鹽鐵論·雜論》，頁613。

64　《鹽鐵論·相刺》，頁256。

65　《鹽鐵論·刑德》、〈申韓〉即辯論了韓非思想。御史說：「執法者國
　　之轡銜，刑罰者國之維　也。…韓子曰：『疾有固(國)者，不能明其法
　　勢，御其臣下，富國強兵，以制敵禦難，惑於愚儒之文詞，以疑賢士
　　之謀，舉浮淫之蠹，加之功賞之上，而欲國之治，猶釋階而欲登高，
　　無銜橛而禦捍馬也。』今刑法設備而民犯之，況無法？其亂必也！」
　　文學反駁說：「韓非非先王而不遵，舍正令而不從，舉陷阱，身幽囚，

輸政策受法家思想影響。

第三節　漢代「強本抑末」的流弊

漢代經濟的政策面側重「強本抑末」，至於現實經濟現象中商業都會不斷的發展、農民問題也層出不窮。所以從這二方面來檢討重農抑商的流弊：

一、不符合社會發展趨勢

《史記・貨殖列傳》所列都市分為五個區域：

1.關中區域—長安。

2.三河區域—河東之楊、平陽、陳，河內之溫、軹，河南之洛陽、穎川、宛。

3.燕趙區域—邯鄲、燕。

4.齊魯梁宋區域—臨淄、睢陽。

5.楚越區域—江陵、陳、吳、壽春、合肥、番禺。[66]

上述關中區域以長安為中心都會，「長安諸陵，四方輻輳，並至而會。」河東地區以楊及平陽為都會，「楊、平楊、陳西賈秦、翟，北賈種代。」河內地區以溫、軹為都會，「溫、

客死於秦。」《鹽鐵論・刑德》，頁 567。

66 《史記・貨殖列傳》，頁 1358。李劍農，《先秦兩漢經濟史稿》(台北：華世出版社，1981 年出版)，頁 211 至 214。

輒,西賈上黨,北賈趙中山。」河南地區以洛陽為中心都
會,「洛陽,東賈齊魯,南賈梁楚。」燕趙地區以邯鄲、燕
為都會,邯鄲「北通燕、涿,南有鄭、衛。」燕「南通齊、
趙,東北邊胡,上谷至遼東。」齊魯地區以臨淄為都會,「膏
壤千里,宜桑麻,人民多采布帛魚鹽。」三楚地區以江陵
及陳為西楚之都會,吳為東楚之都會,壽春、合肥為南楚
之都會。「江陵故郢都,西通巫巴,東有雲夢之饒。陳在楚
夏之交。」「東有海鹽之饒,章山之銅,三江五湖之利。」
「合肥受南北潮,皮革、鮑、木、輸會也。」南越地區以
番禺為都會,有「珠璣犀瑇瑁果布之湊。」潁川南陽地區
以宛為都會,「西通武關、隕關,東南受漢、江、淮。宛,
亦一都會也。」[67]

　　這些都會居於交通輻輳地區,有重要商業機能,商賈
雲集,也自然成為全國重要的消費都會。市中所販賣的貨
物種類繁多。包括果菜、乾糧食品、皮革、編織品、運輸、
礦物、鐵、鹽、銅器、漆器、木製品及牲畜等,包羅萬象。
[68]

---

67 以上出自《史記‧貨殖列傳》,頁 1357-1359。
68 《史記‧貨殖列傳》:「通都大邑:酤一歲千釀,醯醬千瓨,醬千甔,
　　屠牛羊彘千皮,販穀糶千鍾,薪稿千車,船長千丈,木千章,竹竿萬
　　個。其軺車百乘,牛車千兩,木器髹者千枚,銅器千鈞,素木鐵器若
　　卮茜千石,馬蹄躈千,牛千足,羊彘千雙,僮手指千,筋角丹沙千金。
　　其帛絮細布千鈞,文采千匹,榻布皮革千石,漆千斗,鹽豉千荅,鮐
　　鮆千斤,鮿千石,鮑千鈞,棗栗千石者三之。狐裘千皮,羔羊裘千石,
　　旃席千具,佗果菜千鍾,子貸金錢千貫。節駔會,貪賈三之,廉賈五
　　之,此亦比千乘之家,其大率也。」頁 1361-1362。

　　商業發展資本家的勢力也逐漸擴大，其投資之對象包
括農畜工商，或投資於漁鹽或投資於冶鐵或投資於利貸或
投資於畜牧等。鹽鐵商，如：蜀卓氏、程鄭、宛孔氏、曹
邴氏、刁間等，囤積商，如：宣曲任氏，高利貸商，如：
無鹽氏、成都羅　[69]，經商財富可比一都之君。

　　商業都會的繁榮和富商大賈的形成，說明了統治者重
農抑商政策不敵人類追求財富的心理，同時經濟的開發、
生產、和貿易運輸等經濟活動，為必然的進化趨勢，橫加
干涉或抑制，或許可壓制短期發展，卻無法改變趨勢。

二、形成流民問題

　　農民問題最為嚴重的是「流民」的形成，「流民」指脫
離戶籍流亡他鄉之人。[70]章帝、和帝時有救助流民的詔書，
[71]和帝一朝賑貸之地就有：

69　《史記‧貨殖傳》，頁 1362。
70　《漢書》記載：「元封四年，關東流民二百萬口，無名數者四十萬，
　　公卿議欲請徙流民於邊以適之。」顏師古注：「名數，若今戶籍。」《漢
　　書‧石奮傳‧石慶》，頁 2197-2198。說明流民是指脫離戶籍，流亡他
　　鄉之人，無名數則是指無戶籍之人。由於史書將流民兩百萬口與無名
　　數四十萬口分開，二者應有區別。但史書又將二者總稱為「流民」，
　　所以就戶籍觀點立論，指出二者皆已失籍，故稱為「流民」。羅彤華，
　　《漢代的流民問題》(台北：學生書局，1989 年出版)，頁 71 至 176。
71　章帝下詔：「流人欲歸本者，縣其實廩令足還到。聽過止官亭，無雇
　　舍宿。長吏親躬，無使貧弱遺脫，小吏豪右，得容姦妄。詔書既下，
　　勿得稽留。刺史明加督察，尤無狀者。」《後漢書‧章帝紀》，頁 132。
　　和帝詔：「流民所過郡國，皆實廩之。其有販賣者，勿出租稅。又欲
　　就賤還歸者，復一歲田租更賦。」《後漢書‧和帝紀》，頁 178。

> 永元五年，遣使者分行貧民，舉實流冗。開倉賑廩三
> 十餘郡。永元六年，遣謁者分行廩貸三河兗冀青州貧
> 民。永元八年，詔貸并州四郡貧民。永元十二年，賑
> 貸敦煌張掖五原民下貧者穀。永元十四年，賑貸張掖
> 居延敦煌五原漢陽會稽流民下貧穀各有差。永元十五
> 年，詔賑貸潁州汝南陳留江夏梁國敦煌貧民。[72]

上述流民地域廣泛，是漢代政府龐大的財政負擔和危機。有關流民問題形成的原因有五項：脆弱的小農經濟、賦稅繁重、盜寇侵凌與徭役擾民、吏治不良與豪強欺壓及災荒頻仍等。[73]本文補充之論點是：抑商形成土地兼併，也是導致流民惡化的一項重要原因。司馬遷曾說：

> 本富為上，末富次之，姦富最下。…夫用貧求富，農
> 不如工，工不如商，刺繡文不如倚市門，此言末業貧
> 者之資也。…去就與時，俯仰獲其贏利，以末致財，
> 用本守之。[74]

文中的「本富」是以農致富，「末富」指以工商致富，「奸富」即以弄法犯姦致富。此段話反映在強本抑末之下時人有本富、末富、奸富的觀念。其中並以工商業為用貧求富較易之方法，可是又往往「以末致財，用本守之。」「本」作土地解釋，其義指當時人從經商獵取資財，卻從

---

72 以上出自《後漢書》〈和帝紀〉，頁 176，頁 177，頁 181，頁 187，頁 190，頁 191。參考楊聯陞，〈東漢的豪族〉，《清華學報》第十一卷第四期。
73 羅彤華，《漢代的流民問題》，頁 71 至 176。同註 65。
74 《史記‧貨殖列傳》，頁 1361。

土地來保護資財。尤其抑商政策，商人社會地位低，豪強
雖已有封地，而其資金並不投入商業建設發展，轉而購置
兼并土地，使封地日益擴大。仲長統曾描述土地兼并的惡
質面貌：

> 井田之變，豪人貨殖…，田畝連於方國。[75]

> 豪人之室，連棟數百。膏田滿野，奴隸千群，徒附萬
> 計。[76]

上述豪強占田、畜奴情形嚴重，且占有土地後又未必
能善盡地利，反而造成農地浪費。武帝時的董仲舒及哀帝
時師丹曾有「限田」建議，企圖解決土地兼并所釀成的社
會問題，董仲舒說：

> 古井田法雖難卒行，宜少近古，限民名田，以澹不足，
> 塞并兼之路，鹽鐵皆歸於民，去奴婢，除專殺之威，
> 薄賦斂，省繇役，以寬民力，然後可善治也。[77]

上述說法並未被採納，與武帝全力外攘四夷、開疆拓
土，極需地主支持並開闢財源以籌措戰費有關，同時君主
個人亦以兼并土地為是，武帝曾買得上林苑，作為個人遊
獵之用。東方朔就曾進諫說：「今陛下累郎臺，恐其不高也，
弋獵之處，恐其不廣也。…則三輔之地盡可以為苑，…而
取民膏腴之地，上乏國家之用，下奪農桑之業。」[78]司馬相

---

75 《昌言・損益篇》，(漢)仲長統撰、孫啟治校注《昌言校注》(北京：
　中華書局，2012年出版)，頁279。
76 《昌言・理亂篇》，同上注，頁265。
77 《漢書・食貨志上》，頁1137。
78 《漢書・東方朔傳》，頁2849。

如奏〈遊獵賦〉，也曾說：「地方不過千里，而囿居九百，是草木不得墾闢，而民無所食也。」[79]即諷刺君主苑囿之大與民爭利之事實。[80]

哀帝時師丹也曾針對此現象提出「限田」的解決辦法，其說於綏和二年六月實施，但哀帝詔賜倖臣董賢良田二千餘頃，限田令又復名存實亡。[81]王莽曾下令：「周官稅民，凡田不耕為不殖，出三夫之稅，城郭中宅不樹藝者為不毛，出三夫之布。」[82]此項政令之頒布，意味著田不耕情形的普遍。尤其豪強土地愈多，對土地運用益不看重，不僅直接導致人民無地可耕現象，且地利不盡亦使糧食產量減少。所以人與地的不能平衡，應是導致流民形成的一大原因。雖重農抑商，農民依然沒有保障，甚至可能在兼并土地下犧牲成為流民，是漢代重農抑商絕大之諷刺和困境。

第四節　小　結

上述漢代實行「強本抑末」政策的流弊有兩點：一是與現實經濟現象中商業都會的發展背離，二是引發嚴重的流民問題。具體說明法家「強本抑末」政策落實於現實經

79　《漢書・司馬相如傳上》，頁 2575。
80　李劍農，《先秦兩漢經濟史稿》頁 250 至 251。同註 61。
81　《漢書・食貨志上》，頁 1142-1143。
82　《漢書・食貨志下》，頁 1180。

濟具有不容忽視的困境與危機。

　　「強本抑末」源自法家學說，認為能夠生產滿足衣食所需的耕織才是本業，相對的，取巧謀利的商業成為末業。這種偏差觀念出自法家尚力的觀念，所以抑商的法令表面上是冠冕堂皇的重農，實則是出自政治觀點的考量。商賈憑藉專業知識謀生，在自由經濟環境下，財力勢力與人君形成對立衝突，輕末事有維護統治者地位的動機。

　　「強本抑末」尤其是忽略了商業發展的必然性和必須性。法家強調進化歷史觀，此歷史觀原則上應包含日趨繁榮的經濟現象，事實上卻開經濟發展的倒車，由「強本抑末」政策可知法家的進化歷史觀是選擇性的進化觀，侷限於「法」而不及「經濟」。

　　至於晁錯、賈誼貴粟理念，對農業社會而言固然有事實根據，卻忽視農業以外的其他行業的發展，以及對貨幣的功能所知亦有限。桑弘羊的均輸法有平衡物價避免商人謀利的正面作用，其中仍有與民爭利的疏失和壓制商業發展的流弊。加上漢代統治者長期以來政策上的抑商，社會問題遂一一浮現，例如「流民」問題就與商人社會地位不高，引發土地兼并的問題有關。豪強富賈蓄積財富，因而多購買土地，不願從事商業投資，造成土地兼并或封地日益擴大，而且人口又自然增加，貧民無田可耕，成為政府財政的嚴重負擔。

　　漢代經濟極為複雜，影響漢經濟發展原因也很多，由

漢代經濟現象檢討法家「強本抑末」政策，可獲知漢代重農抑商受法家學說一定程度的影響，「強本抑末」學說落實於現實經濟也產生了不容忽視的困境和危機。倘若上位者能夠實際了解商人的貢獻，對社會經濟的發達反而更具正面的意義。[83]

---

83 社會各行各業相輔相成為必然發展現象，應重視農、工、商、虞等各行業的貢獻。司馬遷即說：「故待農而食之，虞而出之，工而成之，商而通之，…各勸其業，樂其事，若水之趨下，日夜無休時，不召而自來，不求而民出之。豈非道之所符而自然之驗邪？」《史記·貨殖列傳》，頁 1354。

第七章　漢代學術中的陽儒暗法思想

第一節　前　言

　　漢代儒學的發展與沿革中，最具代表性的人物，一位是在形式上振興儒學的公孫弘，一位是在思想上發揚儒學的董仲舒，司馬遷《史記・儒林傳》記載其思想行止與先秦儒者比較起來實有極大差異。雖然漢武帝一反先秦時代而獨尊儒術，[1]儒學居於絕對優勢，然歷代學者多曾提出質疑。例如班固認為五經乖亂，已非儒家真傳。[2]《漢書》記載直臣汲黯質問武帝說：「陛下內多欲而外施仁義，奈何欲效唐虞之治乎！」[3]王夫之認為這是汲黯「責武帝之崇儒以虛名而亡實。」[4]朱熹則已有漢代儒學的內涵並非孔孟儒學

---

1 漢武帝之前，思想文化與政治大體是平行發展形勢。尤其戰國時代是游說馳騖之世，知識份子之去留甚至影響諸侯國之強弱興衰，如王充所說：「六國之時，賢才之臣，入楚楚重，出齊齊輕，為趙趙完，畔魏魏傷。」《論衡・效力篇》，黃暉，《論衡校釋》(北京：中華書局，1990年)，頁 586。

2 班固說：「然惑者既失精微，而辟者又隨時抑揚，違離道本，苟以譁眾取寵，後進循之，是以五經乖析，儒學浸衰。」《漢書・藝文志》，頁1728。

3 《漢書・汲黯傳》，頁 2317。

4 (明)王夫之，《讀通鑑論》(台北：里仁書局，1985 年出版)卷三〈漢武

所傳之道的說法。[5]

　　至於漢代儒學產生如何的變化而引發歷代學者的質疑？此變化所反映的歷史現象又是什麼？梁啟超曾說《史記》列傳具有「藉人以明史」的歷史價值，[6]因而以下試從〈儒林傳〉切入探討漢代儒者所反映的學術現象及衍生的問題。

第二節　《史記‧儒林傳》暗示漢代儒學已非先秦儒學

一、公孫弘振興儒學的方式不符合孔孟的精神

　　《史記‧儒林傳》有一段記載：公孫弘因武帝制意，與太常孔臧、博士平等議，其上議奏說：

　　　聞三代之道，鄉里有教，夏曰校，殷曰序，周曰庠。⋯

帝〉，頁60。

5　朱熹認為從漢唐到南宋千五百年中，雖不無小康，「而堯舜三王、周公、孔子所傳之道，未嘗一日得行於天地之間。」蕭公權，《跡園文存》(台北：環宇出版社，1970年出版)，〈聖教與異端—從政治思想論孔子在中國化史的地位〉，頁125。

6　梁啟超說：「後世諸史之列傳，多藉史以傳人；史記之列傳，惟藉人以明史。故與社會無大關係之人，濫竽者少。」梁啟超，《要籍解題及其讀法》，《飲冰室合集》第九冊《飲冰室專集》(台北：中華書局，1996年出版)，之七十二，頁20。

故教化之行也，建首善自京師始，由內及外。…請因舊官而興焉。為博士官置弟子五十人，復其身。太常擇民年十八已上，儀狀端正者，補博士弟子。郡國縣道邑有好文學，敬長上，肅政教，順鄉里，出入不悖所聞者，令相長丞上屬所二千石，二千石謹察可者，當與計偕，詣太常，得受業如弟子。一歲皆輒試，能通一藝以上，補文學掌故缺，其高弟可以為郎中者，太常籍奏。即有秀才異等，輒以名聞…請著功令。佗如律令。制曰：「可」。自此以來，則公卿大夫士吏斌斌多文學之士矣。[7]

這是建立官方教育之重要文獻，其正式成立是漢武帝元朔五年(西元前 124 年)為博士置弟子員開始。[8]有關招生、考核及任用方式等措施大抵完整，馬端臨曾說：「元朔五年置博士弟子員。前此博士雖各以經授徒，而無考察試用之法，至是官始為置弟子員，即武帝所謂興太學也。」[9]上述《史記》所記載公孫弘等所提出的具體辦法，其重要意見如下：

(一)興學目的在推廣教育，其步驟是「建首善自京師始，由內及外」，即在京城建中央官學。

---

7 《史記‧儒林傳》，頁 1287。
8 《漢書‧武帝紀》：(元朔五年)六月詔曰：「蓋聞導民以禮，風之以樂。今禮壞樂崩，朕甚閔焉！…太常其議予博士弟子，崇鄉黨之化，以厲賢材焉。」丞相(公孫)弘請為博士置弟子員，學者益廣。頁 171-172。
9 (元)馬端臨，《文獻通考》卷四十〈學校考一〉(北京：中華書局，2011年出版)，頁 1176。

　　(二)師資是「因舊官而興焉」，以現成之五經博士為師。博士弟子一經十人，免其兵役、徭役及賦稅。

　　(三)博士弟子選拔方式有二，或由太常選拔或由地方政府推舉。考核方式是一年通一藝者補文學掌故缺，若下才不事學者則罷之。

　　由上述不難發現此項文獻反映：漢代透過教育的博士弟子制度才能夠普及儒學，太學生根據政府名額招生，入學後即免除徭役賦稅，給予生活上種種優惠。並從博士弟子員中選士作官，以利祿引導士人學習儒術。所以〈儒林傳〉載：「公孫弘以春秋，白衣為天子三公，封以平津侯，天下之學士，靡然鄉風矣！」[10]明顯是譏刺學而優則仕的讀書人追求功名的作為。傳中並記載那些「儀狀端正者」、「出入不悖所聞」的「斌斌多文學之士」都有資格漸進為官。司馬遷所述似乎暗示當時的儒學只是偽託禮儀，以取得太常博士的官職，其目的不過是具官待問。至於制定博士弟子制度的公孫弘其本人言行，司馬遷描述說：

> 固之徵也，薛人公孫弘亦徵，側目而視固。固曰：「公孫子，務正學以言，無曲學以阿世。[11]
>
> 公孫弘治春秋不如董仲舒，而弘希世用事，位至公卿。董仲舒以弘為從諛。[12]

　　上述文意對這位位至三公的大儒，認為是「曲學以阿

10　《史記・儒林傳》，頁 1287。
11　《史記・儒林傳》，頁 1289。
12　《史記・儒林傳》，頁 1291-1292。

世」、「希世用事」的諛儒。《史記・平津侯主父列傳》又記載了「公孫布被」之譏，[13]其矯俗干名，諂媚國君，不敢面折廷爭，與晏嬰「君語及之，即危言；語不及之，即危行。國有道，即順命；國無道，即衡命。」[14]「至其諫說，犯君之顏，此所謂進思進忠，退思補過者哉！假令晏子而在，余雖為之執鞭，所忻慕焉。」[15]的人格完全不同。所以學者認為這些論述不僅是對晏子的讚美，實際上是對那些熱中功名的博士儒生的反語斥責。[16]

　　再比對司馬遷對孔子的描述，孔子在陳蔡之間，「陳蔡用事大夫」「相與發徒役圍孔子於野」，孔子困於陳蔡，進退不得，糧食也斷絕了。在此困境中：

> 孔子講誦弦歌不衰。子路慍見曰：「君子亦有窮乎？」孔子曰：「君子固窮，小人窮斯濫矣。」子貢色作。…顏回曰：「夫子之道至大，故天下莫能容。雖然夫子推而行之，不容何病，不容然後見君子！夫道之不修也，是吾醜也。夫道既已大修而不用，是有國者之醜也。不容何病，不容然後見君子！」孔子欣然而笑曰：

---

13 《史記・平津侯主父列傳》記載：「弘為布被，食不重肉，…每朝會議，開陳其端，令人主自擇，不肯面折廷爭。…嘗與公卿約議，至上前，皆背其約以順上旨。汲黯庭詰弘曰：『齊人多詐而無情實，始與臣等建此議，今皆倍之，不忠。』…汲黯曰：『弘位在三公，奉祿甚多，然為布被，此詐也。』」頁 1215。

14 《史記・管晏列傳》，頁 851。

15 《史記・管晏列傳》，頁 852。

16 賴明德，《司馬遷之學術思想》(台北：洪氏出版社，1983 年出版)，頁 165。

「有是哉顏氏之子！使爾多財，吾為爾宰。」[17]

這段文獻中，子路、子貢困於陳蔡而生氣，孔子依然堅持理念，至顏回說出老師只問耕耘不問收穫的超越功利的精神，孔子欣然而笑。司馬遷透過師生的對比，不難看出孔子窮且益堅的儒者形象。若再對照漢儒的言行，司馬遷沉痛的感慨就不難體會。所以〈儒林傳〉的序裏說：

余讀功令，至於廣學官之路，未嘗不廢書而嘆也！[18]

顯然漢代崇儒也就是因天子「廣學官之路」而「靡然鄉風」，是出於利祿追求，並非如孔子是對仁道的理想。所以方苞說：「子長序〈儒林〉曰：『余讀功令，至於廣學官之路，未嘗不廢書而嘆也！』蓋嘆儒術自是而變也。」[19]

二、董仲舒儒學結合陰陽災異

《史記·儒林傳》有一段關於董仲舒的記載：

以春秋災異之變，推陰陽所以錯行，故求雨，閉諸陽縱諸陰。其止雨，反是。行之一國，未嘗不得所欲。[20]

上述司馬遷記載董仲舒的治學結合陰陽五行，談人事往往比附天命，如求雨和止雨也結合陰陽之說。董仲舒於

---

17 《史記·孔子世家》，頁 756。
18 《史記·儒林傳》，頁 1285。
19 (清)方苞著、劉季高校點，《方苞集》(上海：上海古籍出版社，2009年)，卷二〈書儒林傳後〉，頁 52。
20 《史記·儒林傳》，頁 1291。

景帝時為《春秋》博士，《漢書・藝文志》記其有《公羊董仲舒治獄》十六篇，[21]《隋書・經籍志》有《春秋決事》十卷、《春秋繁露》十七卷。[22]班固評論：「仲舒遭漢承秦滅學之後，六經離析，下帷發憤，潛心大業，令後學者有所統壹，為群儒首。」[23]推崇董仲舒為漢儒之代表。

其學說中天之構造是以氣為基本因素，所謂：「天地之氣，合而為一，分為陰陽；判為四時，列為五行。」[24]天之作用通過陰陽及五行之氣而表現，「天以陰為權，以陽為經。…陽常居實位而行於盛，陰常居空位而行於末。」[25]「陽常居大夏而以生長養育為事。陰常居大冬而積於空虛不用之處。」[26]陽氣起生長養育萬物作用，即居於實位。冬季陽氣已衰，萬物不能生長養育，陰氣實際未發生太大作用，故居於空虛之位。自然界陽居實而陰居虛的觀念又進一步比附作為社會倫理「三綱」的依據。他說：

> 凡物必有合。合，必有上必有下，…陰者陽之合，妻者夫之合，子者父之合，臣者君之合。物莫無合，而合各有陰陽。陽兼於陰，陰兼於陽；夫兼於妻，妻兼於夫；父兼於子，子兼於父；君兼於臣，臣兼於君。

21　《漢書・藝文志》，頁 1714。
22　《隋書・經籍志一》，楊家駱主編，《新校本隋書》(台北：鼎文書局，1987 年出版)，頁 930。
23　《漢書・董仲舒傳》贊，頁 2526。
24　《春秋繁露・五行相生》，蘇輿，《春秋繁露義證》(北京：中華書局，1992 年)，頁 362。
25　《春秋繁露・陽尊陰卑》，同注 24，頁 327。
26　《漢書・董仲舒傳》，頁 2502。

> 君、臣、父、子、　夫婦之義，皆取諸陰陽之道。君
> 為陽，臣為陰；父為陽，子為陰；夫為陽，婦為陰。
> 陰道無所獨行，其始也不得專起，其終也不得分功，
> 有所兼之義。[27]

上述所謂「合」，其意義為配合。而與其配合者則居次要之附屬地位。「兼」之義，按其上下文可知陰對於陽之「兼」，乃被包括之義；陽對於陰之「兼」，則為包括之義。「君為陽，臣為陰；父為陽，子為陰；夫為陽，婦為陰。」陽是主陰是從，陰陽的主從定位比附到君臣、父子、夫婦的關係，此理論運用於社會則君父夫永遠統治臣婦子，發展為社會之綱常禮教。

至於五行變化亦比附於社會綱常，而有「五行相勝」及「五行相生」之說。所謂「五行相勝」，董仲舒說：

> 木者司農也。司農為奸，朋黨比周，以蔽主明，…橫
> 恣絕理。司徒誅之，…故曰金勝木。[28]
> 金者司徒也。司徒為賊，…專權擅勢，誅殺無罪，侵
> 伐暴虐，攻戰妄取，令不行，禁不止，…令君有恥，
> 則司馬誅之，…故曰火勝金。[29]

至於「五行相生」則說：

> 南方者火也，本朝。司馬尚智，…至忠厚仁，輔翼其
> 君，周公是也。成王幼弱，周公相，誅管叔、蔡叔以

27　《春秋繁露‧基義》，同注 24，頁 350-351。
28　《春秋繁露‧五行相勝》，同注 24，頁 367。
29　《春秋繁露‧五行相勝》，同注 24，頁 370。

定天下。天下既寧以安君。…故曰火生土。[30]

「五行相勝」是對中央公卿大臣而言，對其違法亂紀則嚴懲不怠。「五行相生」則針對地方諸侯而言，對其陰謀叛變則格殺不論。

他並從天人同類談論天人感應，以人身構造及情感意識言天人同類。[31]並認為同類可互相感應，所謂「美事召美類，惡事召惡類。類之相應而起也，如馬鳴則馬應之，牛鳴則牛應之。…物故以類相召也。」[32]因此，既然天人同類，則人和天可互相感應。也因天人同類，所以人的意識和行為，可以引起自然界的變化；好的政治，可使寒暑得時，風調雨順；不好的政治，可以使寒暑不時，形成自然災害。他說：

> 刑罰不中則生邪氣。邪氣積於下，怨惡畜於上。上下不和，則陰陽繆戾而妖孽生矣，此災異所緣而起也。[33]

---

30 《春秋繁露・五行相生》，同注 24，頁 363-364。
31 董仲舒說：「天地之符，陰陽之副，常設於身。身猶天也。…天以終歲之數成人之身，故小節三百六十六副日數也。大節十二分，副月數也。內有五臟，副五行數也。外有四肢，副四時數也。乍視乍瞑，副晝夜也。乍剛乍柔，副冬夏也。乍哀乍樂，副陰陽也。…於其可數也，副數；不可數者，副類。皆當同而副天，一也 。」《春秋繁露・人副天數》，同注 24，頁 356-357。又說：「人之形體，化天數而成。人之血氣，化天志而仁。人之德行，化天理而義。人之好惡，化天之暖清。人之喜怒，化天之寒暑。人之受命，化天之四時。人生有喜怒哀樂之答，春夏秋冬之類也。…天之副在乎人，人之性情有由天者矣。」《春秋繁露・為人者天》，同注 24，頁 318-319。
32 《春秋繁露・同類相動》，同注 24，頁 358-359。
33 《漢書・董仲舒傳》，頁 2500。

此即所謂「天降災異」之觀點，代表人間君主若品德惡劣，其邪惡行徑必然感應至天，導致異常之自然現象以警戒統治者。

因此，《漢書‧五行志上》載建元六年二月乙未發生遼東高廟災，四月壬子發生高園便殿火，董仲舒上書說：

> 多兄弟親戚骨肉之連，驕揚奢侈，恣睢者眾，所謂重難之時者也。陛下正當大敝之後，又遭重難之時，甚可憂也。故天災若語陛下：「…視親戚貴屬在諸侯遠正最甚者，忍而誅之，如吾燔遼東高廟乃可；視近臣在國中處旁仄貴而不正者，忍而誅之，如吾燔高園殿乃可」云爾。在外而不正者，雖貴如高廟，猶災燔之，況諸侯乎！在內不正者，雖貴如高園殿，猶燔災之，況大臣乎！此天意也。[34]

上述董仲舒認為遼東高廟災及高園便殿火，是人臣專權或諸侯僭越，天出火災以示警告。《高廟園災對》在勸告漢武帝剷除驕橫之諸侯及專權之大臣，此觀點對漢武帝產生極大影響。當淮南王及衡山王謀反時，「上思仲舒前言，使仲舒弟子呂步舒持斧鉞治淮南獄。」[35]即是。「上思仲舒前言」，「上」指武帝，「前言」即《高廟園災對》，武帝即是受董仲舒影響而嚴懲淮南王、衡山王等人的謀反行為。

《高廟園災對》奏議是其「天人感應」學說的體現，國君法天是將道德根源歸之於天，與先秦儒家主張內心自

---

34 《漢書‧五行志上》，頁 1332。
35 《漢書‧五行志上》，頁 1333。

覺已有歧異。又陰陽的主從定位比附到君臣、父子、夫婦的關係也與儒家主張「列君臣父子之禮，序夫婦長幼之別。」[36]的倫理不同，顯然董仲舒的學說已是儒家學說的歧出或逆轉。

第三節　漢代儒學暗藏君主集權思想

漢武帝接受董仲舒對策主張，於建元五年正式設置五經博士，並壓倒其它學術壟斷教育。有關董仲舒對策之確切年代《史記》及《漢書》均未明言。[37]其內容則以儒家學說為基礎，廣採《易》、《書》、《詩》、《春秋》之義，[38]而宗旨則在更化。他曾說：

---

36 《史記・太史公自序》，頁 1367。

37 戴君仁，《漢武帝抑黜百家非發自董仲舒考》，收入《梅園論學集》(台北：中華書局，1970 年出版)，頁 338 至 339。他說：「在漢武帝元光紀年一段時間，凡有三次詔賢良。一次在元年，詔策載成帝紀，一次在五年，詔策載公孫弘傳，還有一次，即在董仲舒傳裏，這回共有三次策問。從元年至五年，三次詔策，不但長短不同，內容亦不同。…董仲舒所受之策，和元光元年之詔策不同…所以我們可以下結論，董仲舒對策，不在元光元年。…但董仲舒所對之策，也不是元光五年，和公孫弘一起的。因為兩傳所載策文不同。可是也不會在元光五年之後，此因元光五年之後，漢興近八十載，和對策中「今臨政而願治七十餘歲矣」一語不甚切合。…所以我們可以再進一步下個結論，董仲舒對策，在元光二年至四年之間，卻無法斷定是那一年。」

38 天人三策明白引《春秋》有九次，《尚書》兩次，《詩經》五次，《論語》十三次，《周易》一次，《曾子》一次，唯獨用《孟子》為明標。所以雖然累數千言，但其中所用的經典相當可靠。徐復觀，《中國經學史的基礎》(台北：學生出版社，1983 年出版)，頁 217。

> 琴瑟不調，甚者必解而更張之，乃可鼓也；為政而不
> 行，甚者必變而更化之，乃可理也。當更張而不更張，
> 雖有良工不能善調也；當更化而不更化，雖有大賢不
> 能善治也。故漢得天下以來，常欲善治，而至今不可
> 善治者，失之於當更化而不更化也。[39]

上述是呼籲統治者應將現行政治思想及政策作一改弦更張，以儒家之德教作為治國之道。賢良對策累數千言，有關儒學者有舉賢良、興太學及罷黜百家表章六經三項目，正如班固所言：「及仲舒對冊，推明孔氏，抑黜百家。立學校之官，州郡舉茂材孝廉，皆自仲舒發之。」[40]舉凡太學、地方官學及私學老師多為經學博士，儒經成為唯一教科書。

董仲舒於對策中提議建立太學，作為選拔官吏之機構，並將經學立為官學，以五經作為教科書，以確立儒學正宗地位。從此意義上說，漢武帝推崇儒術主要體現在教育上，這與強化五經中的三綱觀念有關。

雖然董仲舒的陰陽之學受黃老學說的影響，[41]實際上董仲舒的君臣觀念更接近韓非。韓非曾說：

> 臣事君，子事父，妻事夫，三者順則天下治，三者逆
> 則天下亂，此天下之常道也。[42]

---

39 《漢書·董仲舒傳》，頁 2504-2505。
40 《漢書·董仲舒傳》，頁 2525。
41 陳麗桂，《戰國時期的黃老思想》(台北：聯經出版社，1991 年出版)，頁 88 至 90。
42 《韓非子·忠孝篇》，頁 1107-1108。

上引文意是以君父夫為主，以臣子妻為從的君主至上觀念。至於黃老帛書的君臣關係則不同於韓非，黃老帛書有一段話說：

> 帝者臣，名臣，其實師也；王者臣，名臣，其實友也；(霸)者臣，名臣也，其實賓也；危者臣，名臣也，其實庸也；亡者臣，名臣也，其實虜也。[43]

上文所引的黃老之言推許以臣為師者為帝，以臣為友者為王，以臣為賓者為霸，以臣為庸者必危，以臣為虜者必亡。顯然黃老學說雖尊君，但君臣關係未必兩極化。至於董仲舒說：

> 天為君而覆露之，地為臣而持載之；陽為夫而生之，陰為婦而助之；春為父而生之，夏為子而養之。王道之三綱可求於天。[44]
>
> 是故《春秋》君不名惡，臣不名善。…臣之義比於地，故為人臣者，視地之事天也。[45]

上述所引董仲舒的君為天、臣為地，陽為夫、陰為婦，春為父、夏為子的三綱，當中君主至上觀念與韓非理論相同。因此，漢武帝受董仲舒《高廟園災對》影響，打擊淮南王謀反，又以《春秋》經義用於治獄：「步舒至長史，持節使決淮南獄，於諸侯擅專斷，不報，以《春秋》之義正

---

43 《稱》，陳鼓應，《黃帝四經今註今譯》(台北：台灣商務印書館，1995年出版)，頁 419。
44 《春秋繁露‧基義》，同注 24，頁 351。
45 《春秋繁露‧陽尊陰卑》，同注 24，頁 325-326。

之，天子皆以為是。」[46]並且董仲舒弟子通曉學術的，「至於命大夫：為郎、謁者、掌故者以百數。而董仲舒子及孫皆以學至大官。」[47]董仲舒學說及其弟子之所以受武帝的重視，其中關鍵應是其學說中的君臣關係已法家化。認為社會生活中「陽」的勢力居於統治地位，所謂「王道之三綱，可求於天。」[48]強調：

> 丈夫雖賤皆為陽；婦人雖貴皆為陰。…諸在上者皆為其下陽，諸在下者皆為其上陰。[49]

上述這種「陽貴而陰賤，天之制也。」[50]的觀念，目的在於論證君父之神聖而不可侵犯。[51]之後的《白虎通》又承襲董仲舒強調「三綱」意義：[52]

> 三綱者，何謂也？謂君臣、父子、夫婦也。六紀者，謂諸父、兄弟、族人、諸舅、師長、朋友也。故〈含文嘉〉曰：「君為臣綱，父為子綱，夫為妻綱。」…何謂綱紀？綱者張也，紀者理也。大者為綱，小者為紀，所以張理上下，整齊人道也。…君臣、父子、夫婦，六人也。所以稱三綱何？一陰一陽謂之道，陽得

---

46 《史記・儒林傳》，頁 1292。

47 《史記・儒林傳》，頁 1292。

48 《春秋繁露・基義》，同注 24，頁 351。

49 《春秋繁露・陽尊陰卑》，同注 24，頁 325。

50 《春秋繁露・天辨在人》，同注 24，頁 337。

51 馮友蘭，《中國哲學史新編》(台北：藍燈文化事業公司，1991 年出版)，冊三，頁 67。

52 章帝建初四年(西元七十九年)於北宮白虎觀集合諸儒，舉行會議討論五經經義，會議決議由班固撰集事，作《白虎通德論》十二卷，又稱《白虎通義》，《隋書・經籍志》稱之為《白虎通》。

陰而成，陰得陽而序，剛柔相配，故六人為三綱。[53]

上文將倫理綱常明確規定為「三綱六紀」，並從字面上論證說：「君，群也，群下之所歸心也。臣者，纏堅也，厲志自堅固也。」「父者，矩也，以法度教子也。子者，孳也，孳孳無已也。」「夫者，扶也，以道扶接也。婦者，服也，以禮屈服也。」[54]同時亦對師徒關係解釋為：「師弟子之道有三：《論語》：『有朋自遠方來』，朋友之道也。又曰：『回也視予猶父也』，父子之道也，以君臣之義教之，君臣之道也。」[55]將師徒關係提昇為君臣、父子關係，強化師徒之隸屬關係，對後世倫理觀念影響頗大。

漢代以五經為教科書，士人讀儒家經籍，以儒家倫理為準則，儒家思想成為時人思考模式。基本上，應可說漢代國君藉儒學塑造知識份子，士人欲追求祿位，也樂於致力於讀經。無形之中以經書中的三綱五常等觀念作為士人自覺遵守之行為準則。所主張的忠孝美德衍然以服從為核心，這是變相為自我主導地位的否定。換言之，士人對忠孝之追求轉化為奴性之順從，除降低自我價值外，同時也貶低本身之作用。對於忠孝、仁義等表現，帝王也往往樂於下詔表揚，如武帝元朔元年下詔：

夫本仁祖義，褒德祿賢，勸善刑暴，五帝三王所由昌

---

53 《白虎通・三綱六紀》，(清)陳立，《白虎通疏證》(北京：中華書局，1994 年出版)，卷八，頁 373-374。

54 《白虎通・三綱六紀》，同上，頁 376。

55 《白虎通・辟雍》，同上，卷六，258。

也。朕夙興夜寐，嘉與宇內之士臻於斯路。[56]

昭帝時亦褒獎行義之人，元鳳元年詔：

賜郡國所選有行義者涿郡韓福等五人帛，人五十匹，遣歸。[57]

宣帝並以行義為選拔官吏之條件，地節三年十一月下詔：

其令郡國舉孝弟、有行義聞于鄉里者各一人。[58]

據此，忠孝等義行成為士人自覺要求之行為標準，也成為統治者籠絡、規範士人的手段。顯然「在專制時代種種社會條件之下，…在朝的要做忠臣，…有時因此犧牲性命，或是表現在不做新朝的官，甚至以身殉國上。」[59]獨尊儒術加強士人對專制政權的忠貞不貳，社會之尊卑、貴賤、上下之「差序格局」日趨嚴明[60]，君臣間判若雲泥。余英時即說：

漢武之所以接受董仲舒建議，「罷黜百家，獨尊儒術」，卻決不是欣賞他的「貶天子」之說，而是因為他巧妙地用儒家的外衣包住了法家「尊君卑臣」的政

---

56 《漢書・武帝紀》，頁166。

57 《漢書・昭帝紀》，頁225。

58 《漢書・宣帝紀》，頁250。

59 朱自清，《朱自清全集》(台南：新世紀出版社，1974年出版)，〈論氣節〉，頁112。

60 費孝通，《鄉土中國》，作者自印本，頁25至37。文中提到中西社會存在「差序格局」與「團體格局」的差異性。中國社會的關係如同石子投入水中，水紋波浪向外擴張，形成一輪輪的差序格局。社會價值標準重倫理，不能超脫差序的人倫而存在。而西洋社會組織重團體，著重權利觀念。

治內核。[61]

第四節　儒學與政治結合所衍生的問題

一、經學的神學化

　　董仲舒將陰陽學說注入經書，本意是王者當上承天意愛民，苟不如此，天將出災異以譴告之。基本上，仍是以人民為主體。但為時一久，穿鑿附會之說興起，遂以此自惑惑人。因此，宣帝、元帝時期，利用陰陽災異輔政成為常事。宣帝統治二十六年中，因災害、怪異而頒布詔書多達二十次。[62]並任用善於推五行、說災異之經師夏侯勝為諫大夫給事，並以陰陽作為講人倫、婚姻之根據。[63]

　　此外，元帝統治十六年中發布詔書有十九處，因天象及自然災害而頒布者達十二次之多。[64]其中，初元三年(西元前四十六年)六月，詔書稱：

　　　蓋聞安民之道，本繇陰陽。間者陰陽錯謬，風雨不時。朕之不德，庶幾群公有敢言朕之過者，今則不然。媮

61　余英時，《歷史與思想》(台北：聯經出版社，1976年出版)，〈反智論與中國政治思想〉，頁43。

62　《漢書‧宣帝紀》，頁235-274。

63　楊志鈞、華友根、錢杭，《西漢經學與政治》(上海：古籍出版社，1994年出版)，頁205。

64　《漢書‧元帝紀》，頁277-278。

合苟從，未肯極言，朕甚閔焉。永惟烝庶之饑寒，遠離父母妻子，勞於非業之作，衛於不居之宮，恐非所以佐陰陽之道也。其罷甘泉、建章宮衛，令就農。百官各省費。條奏毋有所諱。有司勉之，毋犯四時之禁。丞相御史舉天下明陰陽災異者各三人。[65]

此詔書為貢禹任御史大夫時上疏後頒布，詔書既下，「於是言事者眾，或進擢召見，人人自以得上意。」[66]社會上形成大講災異之風。由此可見，宣帝元帝之際陰陽災異之風的興盛，既有皇帝的提倡之力，也有經學之士的促進之功。皇帝提倡的目的，是為了表明其順天承意，維護統治；經學之士促進的用意，在於顯示經學的作用為滿足政治需要而鼓吹。

其後並有讖緯學說的興起，《四庫全書總目提要》以為「讖自讖，緯自緯，非一類也」，「詭為隱語，預決吉凶」的讖，[67]經過傳播演變，並借用經義寫成文字，則演為緯。是混合神學附會儒家經義之書，且隨儒家之獨尊而愈益發展。以讖緯解經充滿迷信，例如：說《易》為「氣之節，含五經，宣律曆。上經象天，下經計曆，《文言》立符，《彖》出期節，《象》言變化，《繫》設類跡。」[68]說《尚書》為「尚

65 《漢書・元帝紀》，頁 284。
66 《漢書・元帝紀》，頁 284。
67 (清)紀昀，《四庫全書總目提要》(台北：商務印書館，1968 年出版)，經部卷六〈易類〉，頁 114。
68 《春秋緯・說題辭》，(清)趙在翰輯、鍾肇鵬、蕭文郁點校《七緯》(北京：中華書局，2012 年出版)，頁 624。

者上也，上天垂文象布節度書也。書者，如也，如天行也。」
[69]說詩為「詩者，天地之心、君主之德、百福之宗、萬物之
戶也。」[70]說《禮》為「禮之動搖也，與天地同氣，四時合
信，陰陽為符，日月為明，上下和洽，則物獸如其性命。」
[71]說《春秋》為「孔子作《春秋》，陳天人之際，記異考符。」
[72]上述以天地陰陽日月等來詮釋經書，已蒙上神秘色彩。

　　至東漢時讖緯學成為統治者略奪天下、鞏固政權的工
具，尤其是得到王莽及光武帝的利用而大盛，《隋書・經籍
志》記載：「讖緯之學起於王莽好符命，光武以圖讖興，遂
盛行於世。」[73]王莽以圖讖詐取天下，篡漢之後，政治教化
多依符命來推行。首先，王莽為居攝皇帝而造讖，《漢書》
記載：

> 前煇光謝囂奏武功長孟通浚井得白石，上圓下方，有
> 丹書著石，文曰『告安漢公莽為皇帝』符命之起，自
> 此始矣。⋯太后下詔曰：『⋯今前煇光囂、武功長通
> 上言丹石之符。朕深思厥意，云「為皇帝」者，乃攝
> 行皇帝之事也。⋯其令安漢公居攝踐祚，如周公故
> 事。[74]

　　王莽以符命取得攝皇帝之位，又再偽造讖緯，說攝皇

69　《尚書緯・琁機鈐》，同上注，頁 189。
70　《詩緯・含神霧》，同上注，頁 253。
71　《禮緯・稽命徵》，同上注，頁 297。
72　《春秋緯・握誠圖》，同上注，頁 603。
73　《隋書・經籍志一》，楊家駱主編，《新校本隋書》(台北：鼎文書局，
　　1987 年出版)，頁 941。
74　《漢書・王莽傳上》，頁 4078-4079。

帝當為真，並利用甘忠可及夏賀良的讖書及曲解《尚書‧康誥篇》之本文，來配合符瑞。[75]

此外，王莽又利用符瑞從假皇帝成為真皇帝，此經過《漢書》記載：

> (初始元年十二月)，梓潼人哀章學問長安，素無行，好為大言。見莽居攝，即作銅匱，為兩檢，署其一曰「天帝行璽金匱圖」，其一署曰：「赤帝行璽某傳予黃帝金策書」。某者，高皇帝名也。書言王莽為真天子，皇太后如天命。…弄至高廟拜受匱神嬗。御王冠，謁太后，還坐未央宮前殿，下書曰：「…赤帝漢氏高皇帝之靈，承天命，傳國金策之書，予甚祗畏，敢不欽受！以戊辰直定，御王冠，即真天子之位，定有天下之號曰新。[76]

上述王莽利用哀章所獻金匱「赤帝行璽某傳予黃帝金策書」文字，散佈赤帝漢高祖將漢家玉璽傳給皇帝王莽的

---

75 《漢書‧王莽傳上》：「七月中，其郡臨淄縣昌興亭長辛當一暮數夢，曰：『吾，天公使也。天公使我告亭長曰：「攝皇帝當為真」。即不信我，此亭中當有新井。』亭長晨起視亭中，誠有新井，入地且百尺。十一月壬子，直建冬至，巴郡石牛，戊午，雍石文，皆到于未央宮之前殿。臣與太保安陽侯舜等視，天風起，塵冥，風止，得銅符帛圖於石前，文曰 ：『天告帝符，獻者封侯。承天命，用神令。』騎都尉崔發等眂說。及前孝哀皇帝建平二年六月甲子下詔書，更為太初元將元年，案其本事，甘忠可、夏賀良讖書藏蘭臺。臣莽以為元將元年者，大將居攝改元之文也，於今信矣。尚書康誥『王若曰：「孟侯，朕其弟，小子封」』此周公居攝稱王之文也。…臣莽敢不承用！臣請共事神祗宗廟，奏言太皇太后、孝平皇后，皆稱假皇帝。…」頁4093-4094。
76 《漢書‧王莽傳上》，頁4095。

說法，因而藉奉天承運正式即天子之位。

　　東漢光武帝亦利用符命讖緯受命。根據《後漢書·光武帝紀》當時宛人李通及其父親李守向光武帝提供圖讖，才引發劉秀起兵討命。其後，劉秀同儕彊華奉赤伏符，其中有「劉秀發兵捕不道，四夷雲集龍鬥野，四七之際火為主」及「劉秀發兵捕不道，卯金修德為天子」等文字，遂舉行郊祭，以圖讖告天，正式繼皇帝位。[77]當時與王莽共爭天下之公孫述，亦利用讖緯欲取代漢家王位。[78]

　　光武帝有天下凡改正朔、易服色、立都、祭祀多依讖緯，甚至封禪也以讖緯決定。[79]建武十一年，劉秀統一全國，

77　《後漢書·光武帝紀》：「(新莽)地皇三年(西元二十二年)光武避吏新野。…宛人李通等以圖讖說光武：『劉秀復起，李氏為輔。』光武初不敢當，然獨念兄伯升素結輕客，必舉大事，且王莽敗亡已兆，天下方亂，遂與定謀，於是乃市兵弩。十月，與李通從弟軼等起於宛，時年二十八」又曰：「建武元年…光武先在長安時同舍生彊華自關中奉赤伏符，曰：『劉秀發兵捕不道，四夷雲集龍鬥野，四七之際火為主』…光武於是命有司設壇場…建武元年六月己未，即皇帝位，燔燎告天，…其祝文曰：『…讖記曰：「劉秀發兵捕不道，卯金修德為天子」…敢不敬承？』」頁2及頁21。

78　《後漢書·公孫述傳》記載：「述亦好為符命鬼神瑞應之事，妄引讖記。以為孔子作春秋，為赤制而斷十二公，明漢至平帝十二代，歷數盡也，一姓不得再受命，又引錄運法曰：『廢昌帝，立公孫』，括地象曰：『帝軒轅受命，公孫氏握。』…又自言手文有奇，及得龍興之瑞。數移書中國，冀以感動眾心。」頁538。

79　《東觀漢紀》記載：「自帝即位，按圖讖，推五運，漢為火德。周蒼漢赤，木生火，赤代蒼。故帝都洛陽，制兆於城南七里，北郊四里。行夏之時，時以平旦。服色犧牲尚黑。明火德之運，常服徽幟尚赤。四時隨色，季夏黃色。議者曰：『圖讖著伊堯，赤帝之子，俱與后稷並受命而為王。漢劉祖堯，宜令郊祀帝堯以配天，宗祀高祖以配上帝。』」(東漢)班固等編修，《東觀漢紀》(台北：商務印書館，1965年出版)，卷一〈帝紀一·世祖光武皇帝〉，頁7。又《後漢書·祭祀

雖政權鞏固，但讖緯有其危險性，遂將讖緯統一，成為王
朝之統治思想。[80]此時，若有人擅造圖讖，即有謀篡王位之
嫌，例如劉英為劉秀之子，於明帝永平十一年(西元七十
年)，因造讖被告發，「英與漁陽王平、顏忠等造作圖書，
有逆謀」，之後即以大逆不道罪名被廢，不久自殺。[81]

　　在東漢許多儒生多為讖緯神學之信奉者，[82]不少經學家
都以讖緯作為解釋經書之依據。章帝建初四年，召開之白
虎觀會議，實際上就是以讖緯統一五經之會議，全國上下
瀰漫在迷信中。

二、學者因利祿之爭而黨同伐異

　　漢武帝表彰六經，推崇儒術，並以利祿引誘儒生，誠
如班固所說：

> 自武帝立五經博士，開弟子員，設科射策，勸以官

志上》記載：「(建武)三十二年正月，上(光武)齋，夜讀河圖會昌符，
曰『赤劉之九，會命岱宗。不慎克用，何益於承。誠善用之，姦偽不
萌。』感此文，乃詔松等案索河雒讖文言九世封禪事者。松等列奏，
乃許焉。」(梁)劉昭補，頁 3163。

80　《後漢書‧光武帝紀》記載：「(建武)中元元年，初起明堂、靈臺、辟
雍，…宣布圖讖於天下。」頁 84。此作法與王莽宣布圖讖於天下的態
度一樣。《漢書‧王莽傳中》記載：「(新莽始建國元年)秋，遣五威將
王奇等十二人班符命四十二篇於天下。德祥五事，符命二十五，福應
十二，凡四十二篇。」頁 4112。王莽總合圖讖編為一書，凡與王莽取
代漢家天下有幫助之瑞命符應皆收入編為一書。

81　《後漢書‧光武十王列傳》，頁 1429。

82　黃開國，〈論漢代讖緯神學〉，收入林慶彰編，《中國經學史論文選集》
(台北：文史哲出版社，1992 年出版)，上冊，頁 306。

祿，…大師眾至千餘人，蓋祿利之路然也。[83]

上述通經者可得爵祿，利之所在，很少人不為之心動，學者甚至因利祿之爭而黨同伐異。此現象反映在今古文之爭及講求師法家法上。

(一)今古文之爭

經學有今古文，其名目分立始自書經，王國維曾說：

> 王氏念孫讀書雜志用其子伯申氏之說曰：『…起，興起也；家，家法也。…孔氏治古文經，讀之說之，傳以教人，其後遂有古文家，是古文家法自孔氏興起也。』…蓋古文尚書初出，其本與伏生所傳頗有異同，而尚無章句訓詁。安國因以今文定其章句，通其假借，讀而傳之。…其所謂讀，與班孟堅所謂 『齊人能正蒼頡讀』，馬委長所謂『杜子春始通周官讀』之讀，無以異也。[84]

上述說明孔安國得到孔壁古文尚書，因而興起古文尚書家法。孔安國對古文尚書未必有註解，因其通句讀、通假借，遂用當時之隸書翻譯，改寫成今文。當時古文雖成為一家，但只行於民間，與朝廷今文經學對立。至於公然

---

83 《漢書‧儒林傳》，頁 3620。顏師古注說：「言為經學者，則學爵祿而獲其利，所以益勸。」劉申叔說：「自漢武表彰六經，罷黜百家，託通經致用之名，在下者視為祿利之途，在上者因為挾持之具。」劉申叔，《國學發微》(台北：國民出版社，1959 年出版)，頁 14。
84 (清)王國維，《觀堂集林》(台北：河洛圖書公司，1975 年出版)，卷七〈史記所謂古文說〉。

與朝廷今文家爭立博士、校量長短,以劉歆〈移太常博士書〉為最早,今古文正式爭論起於此。

劉歆求立古文經之論點,大抵針對今文經之弊勢而發。換言之,暴露今文學之短,欲以古文學加以補救。根據〈移太常博士書〉其中要點如下:

第一,漢初至武帝時,七十年間今文經學殘缺不全,當時已有賴於古文經書加以補足。至漢成帝以古文本校今文本,發現今文本的確有殘缺之處。[85]

第二,古文傳授之竹簡皆在,較今文經出於口耳相傳者可信。孔壁出土有《逸禮》三十九篇、《逸書》十六篇以及《春秋左氏傳》,此三部書皆以古文書寫遂稱作古文舊書,未立於學官。民間研究此三部書者,《禮》有桓公,《左傳》有貫公,《尚書》有庸生。[86]此三書皆有徵驗。[87]

第三,今文家抱殘守缺。[88]

第四,今文章句之學耗費精神於繁文碎辭之中,未能

---

85 劉歆說:「孝成皇帝閔學殘文缺,稍離其真,乃陳發秘臧,校理舊文,…以考學官所傳,經或脫簡,傳或間編。」《漢書·劉歆傳》,頁1969-1970。

86 劉歆說:「及魯恭王壞孔子宅,…而得古文於壞壁之中:逸禮有三十九、(逸)書十六篇。天漢之後,孔安國獻之,遭巫蠱倉卒之難,末及施行;及春秋左氏,丘明所修,皆古文舊書,…臧於秘府,伏而未發。…傳問民間,則有魯國桓公(傳古文禮)、趙國貫公(傳左傳),膠東庸生(傳古文尚書)之遺學,與此同抑而未施。」《漢書·劉歆傳》,頁1971-1972。

87 劉歆說:「且此數家之事,皆先帝(成帝)所親論,今上(哀帝)所考視。其古文舊書,皆有驗,外(民間)內(祕藏)相應,豈苟而已哉!」《漢書·劉歆傳》,頁1971。

88 劉歆說:「往者,綴學之士,不思廢絕之闕,苟因陋就寡,…信口說而背傳記,…保殘守缺。」《漢書·劉歆傳》,頁1970。

考究古代制度，而淪為無用之學，[89]通經致用之學反而荒廢了。[90]

　　第五，今文學蔽於師法，黨同門、妒道真。[91]

　　第六，指責今文博士未能發揮扶微廣學之義。[92]

　　上述劉歆扶微廣學「意欲廣道術」，其目的不在利祿而在道術，要求立於學官之古文經為《逸禮》、《逸尚書》以及《左氏春秋》。

　　至於今文學家反擊古文學之意見如下：

　　第一，批評劉歆非毀先帝所立之經書、經學，而且毀棄師法。[93]

　　第二，今文學家反駁《尚書》並不殘闕。[94]

　　第三，今文學認為《左傳》並非解《春秋》之書，[95]劉歆認為《左傳》較《公羊》、《穀梁》為可信。[96]

89　劉歆說：「(今文學)分文析字，煩言碎辭，學者罷老且不能究其一藝，…國家將有大事，若立辟雍、封禪、巡狩之儀，則幽冥而莫知其原。」《漢書・劉歆傳》，頁 1970。

90　錢穆曾針對此論點說：「經學走向章句之學，對文字耗費神智，而精神用在飾說上面。」錢穆，《秦漢史》(台北：東大圖書公司，1987 年出版)，頁 226。

91　劉歆說：「(今文家)挾恐見破之私意，而無從善服義之公心。或懷妬嫉，不考情實，雷同相從，隨聲是非。」《漢書・劉歆傳》，頁 1970。

92　劉歆說：「(今文博士)深閉固距而不肯試，猥以不誦絕之，欲以杜塞餘道，絕滅微學。」《漢書・劉歆傳》，頁 1970-1971。

93　「儒者師丹為大司空，亦大怒。奏歆改亂舊章，非毀先帝所立。」《漢書・劉歆傳》，頁 1972。

94　「(今文家)以尚書為備。」《漢書・劉歆傳》，頁 1970。

95　「(今文學)謂左氏為不傳春秋。」《漢書・劉歆傳》，頁 1970。

96　「歆以為左丘明好惡與聖人同，親見夫子，而公羊、穀梁在七十子後，傳聞之與親見之，其詳略不同。歆數以難向，向不能非間也，然猶自

　　爭論結果古文學家表面上失敗，「歆由是忤執政大臣，為眾儒所訕，懼誅，求出補吏，為河內太守。」[97]劉歆等人皆「出補吏」。然而，自此之後古文經已漸受重視，如「平帝時，又立左氏春秋、毛詩、逸禮、古文尚書，所以罔羅遺失，兼而存之，是在其中矣。」[98]也就是平帝時四部古文經書即立於學官，古文經學逐漸取代今文經學。

　　經學有今古文之爭，文字上之今與古，關係今古文之爭不大。由於朝廷據經決事，典章制度用某家說法，往往關係此家派利祿，是以不得不據理力爭。例如史書記載：

> （賢）本始三年…為丞相。…少子玄成，復以明經歷位至丞相，故鄒魯諺曰 ：「遺子黃金滿籯，不如一經。」[99]
>
> 勝每講授，常謂諸生曰：「士病不明經術。經術苟明，其取青紫如俛拾地芥耳。學經不明，不如歸耕。」[100]
>
> 建武二十八年，…以榮為少傅，賜以輜車、乘馬。榮大會諸生，陳其車馬、印綬，曰：「今日所蒙，稽古之力也」[101]

　　上述明經取士關係著利祿之途，此乃今古文之爭的焦點。至於韋賢、韋玄成父子即以魯詩之學，侍宣帝、元帝

　　持其穀梁義。」《漢書・劉歆傳》，頁 1967。
97　《漢書・劉歆傳》，頁 1972。
98　《漢書・儒林傳》贊，頁 3621。
99　《漢書・韋賢傳》，頁 3107。
100　《漢書・夏侯勝傳》，頁 3159。
101　《後漢書・桓榮傳》，頁 1251。

二君主，官至卿相。夏侯勝因通經學，宣帝朝立為博士。
桓榮則以歐陽之學三代為五帝王師。所以皮錫瑞說：

> 此漢世明經取士之盛興，亦後世明經取士之權輿。史
> 稱之曰：「自此以來，則公卿大夫士吏彬彬多文學之
> 士矣。」方苞謂古末有以文學為官者，誘以利祿，儒
> 之途通而其道亡。案方氏持論雖高，而三代以下既不
> 尊師，如漢武使束帛加璧安車駟馬迎申公，已屬曠世
> 一見之事。欲興經學，非導以利祿不可。古今選舉人
> 才之法，至此一變，亦勢之無可如何者也。[102]

因此「上以官祿而勸經，下為祿利而習經，故經之官
學，遂為梯榮致顯之捷徑。」因而利祿薰心，黨同伐異而
影響學術精神。

(二)篤守師法與家法

兩漢治經必守師法、家法，前漢說經重師法，後漢演
變為重家法。所謂師法及家法，皮錫瑞說：

> 前漢重師法，後漢重家法。先有師法，而後能成一家
> 之言。師法者，溯其源，家法者，衍其流也。[103]

這是由經學傳授源流說明師法家法二者的分別，師法
是傳習一經之始祖所留傳之典範，一經往往只有一位始
祖，家法則由師法而衍生。如《史記》記載：

> 今上即位，趙綰、王臧之屬明儒學，而上亦鄉之。於

---

102 皮錫瑞，《經學歷史》(台北：鳴宇出版社，1980 年出版)，頁 55。
103 同上註，頁 136。

是招方正賢良文學之士。自是之後，言詩，於魯則申
培公，於齊則轅固生，於燕則韓太傅。言尚書，自濟
南伏生。言禮，自魯高堂生。言易，自菑川田生。言
春秋，於齊魯自胡毋生，於趙自董仲舒。[104]

呂思勉指出：「經學之淵源，必不始此。然先師名字之
可記識者，則始於此矣。」[105]師法是一學派解經之指導原
則，經生多遵守師法。如《漢書》記載：

(元帝)召問奉：「來者以善日邪時，孰與邪日善時？」
奉對曰：「師法用辰不用日。」[106]

(尋)治《尚書》，與張孺、鄭寬中同師，寬中等守師法
教授。[107]

甘露中，諸儒薦禹，有詔太子太傅蕭望之問，禹對《易》
及《論語》大義，望之善焉，奏禹經學精習，有師法，
可試事。奏寢，罷歸故官。[108]

又據《漢書》記載：

喜好自稱譽，得《易》家候陰陽災變書，詐言師田生
且死時枕喜　，獨傳喜。諸儒以此耀之。同門梁丘賀
疏通證明之，曰：「田生絕於施讎手中，時喜歸東海，
安得此事？」…博士缺，眾人薦喜，上聞喜改師法，

104　《史記・儒林傳》，頁1286。
105　呂思勉，〈毛詩傳授之誣〉，《光華大學半月刊》，第二卷第六期。
106　《漢書・翼奉傳》，頁3170。
107　《漢書・李尋傳》，頁3179。
108　《漢書・張禹傳》，頁3347。

遂不用喜。[109]

漢重視師法以傳師學為榮，對於不遵守師法的不僅是同門不接納，朝廷也斥黜之，如孟喜不守師法而失去博士地位。

家法由師法而衍生，章帝建初四年詔書記載：

> 蓋三代導人，教學為本。漢承暴秦，褒顯儒術，建立五經，為置博士。其後學者精進，雖曰承師，亦別名家。[110]

李賢注：

> 言雖承一師之業，其後觸類而長，更為章句，則別為一家之學。[111]

後漢說經，師法之下又分家法，形成「支葉蕃滋」[112]現象，對經學弘揚有很大幫助。但在上者藉利祿維持儒學一尊地位，實藉以鞏固政權。經生篤守師法家法也不是為經學本身，而是為利祿，甚至舉孝廉亦需通家法。如《後漢書》記載左雄上書：郡國所舉孝廉，「請先詣公府，諸生試家法。」[113]因此，同門師友必互相援引，賢者與不肖者並進，利祿薰心學術敗壞。誠如王充所言：

> 儒者說五經，多失其實。前儒不見本末空生虛說，後儒信前師之言，隨舊述故。滑習辭語，苟名一師之學，

109　《漢書・孟喜傳》，頁3599。
110　《後漢書・章帝紀》，頁137。
111　《後漢書・章帝紀》，頁138。
112　《漢書・儒林傳》贊，頁3620。
113　《後漢書・左雄傳》，頁2020。

> 趨為師教授。及時蚤仕，汲汲競進，不暇留精用心，
> 考實根核，故虛說傳而不絕，實事沒而不見，五經並
> 失其實。[114]

　　基本上，由今古文之爭立學官，以及不修師法家法不
得擔任博士學官現象，是獨尊儒術下所形成黨同伐異之情
形。又因家法株生而有欽定學術會議，更是對思想之禁
錮。此現象與漢初七十年，百家競相貢獻所學情形不同。
由於拘執家法師法，學術無法蓬勃發展，甚至導致凝滯，
所以梁啟超說：「中國學術思想之衰，實自儒學統一時代
始。」[115]

第五節　小　結

　　綜合上述，漢代儒學所以能與君主專制政體調和，主
要是儒學主張「列君臣父子之禮，序夫婦長幼之別」[116]，
至董仲舒更以陰陽五行思想入儒，其中「天人合一」理論
有助於人君絕對化。他以自然界之陰陽比作人倫之尊卑，
突出了國君獨立地位。又言天人感應，欲國君法天，奉仁
心以行愛民之實。但結果專制政治只能為專制而專制。也

---

114 《論衡・正說篇》，黃暉，《論衡校釋》(北京：中華書局，1990 年)，
　　頁 1123。

115 梁啟超，《飲冰室文集類編下》(台北：華正書局，1974 年出版)，〈中
　　國學術思想變遷之大勢〉，頁 49。

116 《史記・太史公自序》引司馬談〈論六家要旨〉，頁 1367。

就無視其「屈君而申天」之主張，而重視其「屈民而申君」
之言論，並利用君權神授觀念強化大一統專制。董仲舒之
儒學中陰陽五行及三綱等學說有助於樹立君主權威。武帝
獨尊儒術看準的也是這一點，所以董仲舒的儒術有助於尊
君，因此被統治者所運用。

　　獨尊儒學後，政府將興學視為一項重要事務，中央官
學與地方官學相繼成立。中央官學由皇帝下詔興建，郡縣
官學由地方主管負責興建。此現象反映了教育之重要，也
說明官學是置於國家政權之控制下。[117]且太學博士為官
職，又太學生根據政府名額招生，入學後即免除徭役賦稅，
給予生活上種種優待，而士人也視儒經為獲取官位的利祿
工具。皮錫瑞曾言：「《漢書·儒林傳贊》曰：『自武帝立五
經博士，開弟子員，設科射策，勸以官祿，訖於元始，百
有餘年。傳業者浸盛，支葉繁滋。一經說至百餘萬言，大
師眾至千餘人，蓋利祿之路然也』案孟堅一語道破。在上
者欲持一術以聳動天下，未有不導以祿利而翕然從之者。」
[118]所以儒學壓倒其它學術而壟斷教育。

　　至於漢代統治者以儒學選官，士人讀儒家經籍，耳濡
目染中儒家思想成為時人之思考模式。所以漢代國君也可
藉儒學塑造知識份子，以控制社會之精神生活，維護其獨
尊地位。因此，民國初年有胡適、陳獨秀等努力于儒學之

---

117 俞啟定，《先秦兩漢儒家教育》(山東：齊魯書社，1987 年出版)，頁
　　226。
118 皮錫瑞，《經學歷史》，同註 111，頁 113。

變革，及對西方文化認同時，又有新儒學之興起。所謂新
儒學並非舊的復活或翻版，李澤厚曾言：

> 在辛亥、五四以來的二十世紀的中國現實和學術土壤
> 上，強調繼承、孔孟程朱陸王，以之為中國哲學或中
> 國思想的根本精神，並以他為主體來吸收、接受和改
> 造西方近代思想(如「民主」、「科學」)和西方哲學(柏
> 格森、羅素、康德、懷海特等人)，以尋求當代中國
> 社會、政治、文化等方面的現實出路，這就是現代新
> 儒學的基本特徵。[119]

若以居於新儒學啟蒙地位之梁漱溟為例，其研究儒學
之特色在標舉人之直覺以及突出人之理性。在《東西文化
及其哲學》一書中，梁漱溟即言「敏銳的直覺，就是孔子
所謂仁」。[120]認為直覺就是主宰，人的正確行為就建立在當
下之感應上，認為人類諸德無不出自直覺。於一九八四年
出版的《人心與人生》一書，特別強調自覺的觀念。[121]於
《中國文化要義》中，又提出「理性」，強調《論語》一書
「務為理性之啟發」，又言「道德為理性之事，存於個人之
自覺自律」。[122]梁漱溟早在一九二四年，印度詩人泰戈爾至
中國，與其談論儒學道理時已指出，孔子道理著重之點都

---

119 李澤厚，《中國現代思想史論》(台北：風雲時代出版公司，1990 年
　　出版)，頁 336。
120 梁漱溟，《東西文化及其哲學》(台北：里仁出版社，1983 年出版)，
　　頁 149。
121 梁漱溟，《人心與人生》(台北：谷風出版社，1987 年出版)。
122 梁漱溟，《中國文化要義》(台北：里仁書局，1982 年出版)，頁 106
　　至 107。

在自己。[123]類似梁漱溟這樣的新儒學者一再強調個人之重要及自主性，與漢代專制以來強調儒學的尊卑倫理藉以扼殺讀書人的態度迥然有別。據此，可推測漢代國君利用儒學以強化大一統專制之禁錮思想現象。

是以漢代崇儒，其儒術已非傳統儒學，漢武帝獨尊儒術是希望思想上透過尊儒而尊君，所以由中央主導學術。就此一理路而言，漢代崇儒是為完成思想統一，為政治服務，這是從公孫弘、董仲舒等儒者行止、思想以及與國君互動中所歸納而得。

123　梁漱溟，《朝話》(台北：文景出版社，1972 年出版)，頁 70 至 71。

第八章　漢代官僚體制的集權思想

第一節　前　言

　　法家學說由法術勢三部分組成，韓非集法家學說之大成，法術勢三者在韓非學說中也密不可分，為維護國家公利的前提下平衡發展。韓非理想的君主任用人才也是在法術勢的學說體系運作下執行的。所以他說：

> 明主之為官職爵祿也，所以進賢材勸有功也。故曰：賢材者，處厚祿任大官，功大者，有尊爵受重賞。官賢者量其能，賦祿者稱其功。是以賢者不誣能以事其主，有功者樂進其業，故事成功立。[1]

　　上述主張官職爵祿是「所以進賢材，勸有功」，事實上並不是毫無標準的任賢，所謂「官賢者量其能，賦祿者稱其功」即官爵賦祿與其才能、功績要符合。當然，加官進爵有「法」作為標準，同時也有「術」來識別才能功績的真確性，以鞏固君「勢」，逐步落實富國強兵理想。這可說是韓非學說的預期目標，不過，法術勢三者的平衡互補關係，在實行時卻有困難。

1　《韓非子‧八姦篇》，頁153。

　　余英時曾說：「後世的皇帝對韓非的『勢』、『術』兩件
武器都已運用得非常到家,唯獨對於『法』這一項卻不能
接受韓非的建議。」[2]從這句話中,可得到一個啟發,也就
是法術勢兼備的學說體系,在實行過程中,其間的制衡關
係可能已不存在,而有輕重之別。

　　本文試圖從漢代的官僚現象中探討法家學說法術勢的
落實狀況。在複雜的官僚體系中,本文選擇漢代尚書尊隆
與酷吏專橫的歷史現象考察,由於尚書與酷吏的存在不僅
出現在漢代,二者可說是我國專制政體下的獨特產物,具
有代表性。前者是任用人才方面的問題,是屬於「勢」與
「術」的問題;後者是官僚執行律法的現象,是屬於「勢」
與「法」的問題,所以分別從這二部分考察法家學說法術
勢的實際運作。

第二節　漢代「尚書尊隆」的君主集權現象

徐復觀曾這樣說過：

　　武帝順著專制的特性,完成皇帝直接處理政治的格
　　局,但在實質上徹底破壞了宰相制度,成為政治混

亂，及宦官外戚等禍害的總根源。[3]

也就是說，宰相制度破壞、尚書尊隆，這是君權達到極致，勢與術無法平衡的最顯著例子。尚書之職掌原僅在於為天子管理文書，傳達詔命。[4]尚書組織兩漢大致相同，有尚書令、尚書僕射、列曹尚書及丞、郎、令史等，多由宦者擔任，地位很低，[5]國君多認為不會對君權形成威脅。[6]至於宰相則不然，史書記載：

相也者，百官之長也。[7]

相國、丞相皆秦官，金印紫綬，掌承天子，助理萬機。[8]

3 徐復觀，《兩漢思想史》(台北：學生書局，1985 年出版)，頁 317-318。

4 尚書制度起於秦，乃屬少府之卑官，於「殿中主發書，故謂之尚書。」(元)馬端臨，《文獻通考》卷五十一〈職官五〉(北京：中華書局，2011年出版)，頁 1471。

5 《漢書‧外戚傳上‧孝宣許皇后傳》記載：「(許皇后)既立，霍光以后父廣漢刑人不宜君國，歲餘乃封為昌成君。」頁 3965。《後漢書‧虞詡傳》記載：虞詡因反對張防特用權勢而下獄，其子顗與門生百餘人「舉幡候中常侍高梵車，叩頭流血，訴言枉狀。梵乃入言之，防坐徙邊。」頁 1871。又《後漢書‧宦者列傳‧曹騰傳》記載：「(曹騰)所進達，皆海內名人，陳留虞放、邊韶，南陽延固、張溫，弘農張奐，潁川堂谿典等。」頁 2519。上述許皇后父親為刑餘之人，同樣擺脫不了低人一等之待遇。直至東漢時，宦官勢力日益擴大，社會地位才改善。例如《後漢書‧虞詡傳》《後漢書‧宦者列傳‧曹騰傳》，子弟率門生向宦官叩頭求情和名士通過宦官推薦作官，都代表宦官地位之提昇。

6 《檢論‧官統上》：「尚書、中書者，漢時贊作詔版之官。尚書猶主書；中書乃以宦者為之。…自後漢以降，尚書漸重，…亦見人主之狎近幸，而憎尊望者之逼己也。」(清)章太炎，《檢論》(台北：廣文書局，1970年出版)，卷七〈官統上〉，頁 10-11。

7 《呂氏春秋‧離俗覽第七‧舉難》，許維遹，《呂氏春秋集釋》(北京：中華書局，2009 年出版)，頁 541。

8 《漢書‧百官公卿表上》，頁 724。

> 宰相者，上佐天子，理陰陽，順四時，下育萬物之宜，
> 外鎮撫四夷諸侯，內親附百姓，使卿大夫各得任其職
> 焉。[9]

上述說明丞相領導百官，總攬國家行政，不僅地位高，而且根據《漢書·百官公卿表》所載，四十一名丞相中，由御史大夫升任者多達二十二人。[10]是「所以尊聖德，重國相」[11]的表現。[12]

自漢武帝為強化國君個人權力，於是削弱相權而重用宦官，對尚書的委任日趨殷重。史書記載：

> 秦至尚書禁中，有令丞，掌通章奏而已，事皆決丞相
> 府，漢武宣後稍委任。[13]

自此以後，相權日益低落，武帝前後計任丞相十二人，被迫下獄及自殺者多達五人。[14]當武帝任命公孫賀為相時，公孫賀不受印綬、頓首涕泣。史書對這一段史實有很詳細的描寫：

---

9 《史記·陳丞相世家》，頁 816。
10 《漢書·百官公卿表下》，頁 746-857。
11 《漢書·朱博傳》，頁 3405。
12 《漢書·薛宣傳》：「(薛宣為左馮翊)吏民稱之，郡中清靜，遷為少府，共張職辦。月餘，御史大夫于永卒，谷永上疏曰：『…御史大夫內承本朝之風化，外佐丞相統理天下，任重職大，非庸材所能堪。今當選於群卿，以充其缺？…竊見少府宣，材茂行絜，達於從政。…』上然之，遂以宣為御史大夫，數月代張禹為丞相。」頁 3391-3392。可證明多選德操高潔者為相。
13 (宋)王應麟，《玉海》卷一二一注引《唐六典》，中日合璧本第五冊(台北：中文書局)，頁 2299。
14 劉文起，《王符潛夫論所反映之東漢情勢》(台北：文史哲出版社，1995年出版)，頁 25。

初賀引拜為丞相，不受印綬，頓首涕泣，曰：「臣本
邊鄙，以鞍馬騎射為官，材誠不任宰相。」上與左右
見賀悲哀，感動下泣，曰：「扶起丞相」賀不肯起，
上乃起去。賀不得已拜。出，左右問其故，賀曰：「主
上賢明，臣不足以稱，恐負重責，從是殆矣。」[15]

　　上述文獻反諷君主集權而相權貶抑，擔任宰相不但不
可喜，甚至會遭致災禍。相反的，尚書權力則日益膨脹，
根據《漢書・龔勝傳》記載，尚書甚至可以彈劾丞相。[16]至
東漢時尚書更居於重要地位，舉凡中央官吏上奏章，皆上
尚書，以達於天子。[17]朝廷集議，其討論情形及結果，亦由
尚書奏呈天子。[18]至於地方官吏如郡國守相，對朝廷奏事亦
多直上尚書。[19]而且東漢之世，君主詔令之下達幾多由尚書

---

15 《漢書・公孫賀傳》，頁 2877-2878。

16 《漢書・龔勝傳》記載：「丞相王嘉上書薦故廷尉梁相等，尚書劾奏
　嘉『言事恣意，迷國罔上，不道。』」頁 3081。

17 例如：〈無極山碑〉記載：「光和四年(某)月辛卯朔二十二日壬子、太
　常臣耽、丞敏，頓首上尚書，…臣耽愚憨，頓首頓首上尚書。制曰：
　『可』。」(清)嚴可均校輯，《全後漢文》(北京：中華書局，1985 年出
　版)，卷一百四〈闕名〉，頁 1032。

18 《東漢會要》記載：「安帝延光二年寅誦言：常用甲寅元。梁豐言：
　常復用太初。下公卿評議。太尉愷等上侍中施延等議：甲寅元與天相
　應，可施行。博士黃廣，大行令王僉議：如九道。河南尹祉等四十人
　議：四分歷最得其正，不宜易。愷等八十四人議，宜從太初。尚書令
　忠上奏云云。上納其言，遂改歷事。」(宋)徐天麟，《東漢會要》(台
　北：商務印書館，1968 年出版)，卷二十二〈職官四〉，頁 235。

19 《全後漢文》記載樊毅上言復華山下民租田口筭狀曰：「光和二年十
　二月庚午朔十三日壬午，弘農太守臣毅頓首頓首死罪上尚書，…臣毅
　誠惶誠恐頓首頓首死罪死罪上尚書。」(《全後漢文》卷八十二〈樊毅〉，
　出處同注 17，頁 915。)不過，此情形郡國首相或將奏事副本抄呈宰相

經手。[20]所以仲長統說：

> 光武皇帝慍數世之失權，忿彊臣之竊命，矯枉過直，
> 政不任下，雖置三公，事歸臺閣。自此以來，三公之
> 職備員而已。[21]

　　文中陳述天子不委付三公政事，而由尚書處理的現象。隨著宦官勢力的發展，宦官親屬多參預政事，[22]且生活驕奢淫逸，[23]導致種種禍害。

　　丞相的人選乃由人才的篩選中產生，本有一定的標準。至於國君唯恐權力受分割，又重用宦官，甚至進而造

等有相關官員，例如：〈漢魯相晨孔子廟碑〉：「建寧二年三月癸卯朔七日己酉，魯相臣晨，長史臣謙，頓首死罪上尚書：臣晨頓首頓首死罪死罪。…臣晨誠誠惶誠恐頓首頓首，死罪上尚書。時副言太傅、太尉、司徒、司空、大司農府，治所部從事。」(楊慎，《金石古文》卷四，王雲五主編，《叢書集成》，頁 39-40。)

20　《朱子語類》：「嘗見後漢群臣章奏，首云臣某『奏疏尚書』，…雖是不敢指斥而言，亦足以見其居要地而秉重權矣。當時無事巨細，皆是尚書行下三公，或不經由三公徑下九卿。」(宋)黃士毅編，徐時儀、楊艷彙校，《朱子語類彙校》(上海，上海古籍出版社，2014 年出版)，卷一百一十二〈論官〉，頁 2706。

21　《昌言・法誡篇》，(漢)仲長統撰、孫啟治校注《昌言校注》(北京：中華書局，2012 年出版)，頁 308。

22　《後漢書・楊秉傳》：「(桓帝時)，宦官方熾，任人及子弟為官，布滿天下。…內外吏職，多非其人。…枝葉賓客布列職署，或年少庸人，典據守宰。」頁 1772。

23　例如：桓帝時，中常侍徐璜、具瑗、左悺、唐衡，「皆競起第宅，樓觀壯麗，窮極技巧。…多取良人美女姬妾，皆珍飾華侈，擬則宮人。其僕從皆乘牛車而從列騎。」《後漢書・宦者列傳・單超傳》，頁 2521。第宅壯觀，擬則宮人，生活豪奢則非虛言。因此，宦官之驕奢可以說是：「府署第館，棋列於都鄙，…南金、和寶…盈仞珍臧，嬙媛、侍兒、歌童、舞女之玩，充被綺室。狗馬飾雕文，土木被緹繡。皆剝割萌黎，竟恣奢欲。」《後漢書・宦者列傳》，頁 2510。

成尚書勢力的膨大。尚書尊隆、裁抑相權的現象，薩孟武曾分析其中原因，他說：

> 尚書之官始於秦置，論其職掌，不過管理文書，傳達
> 詔命。…西漢中葉以後，尚書的職權已經增大。…光
> 武中興，惄朝廷之失權，忿強臣之竊命，于是出納王
> 命的尚書，更漸次得到實權，變成政治的樞機。…但
> 是最初尚書不過預聞國政而已，尚未盡奪三公的權。…
> 不久之後，眾務悉歸尚書，三公但受成事而已。[24]

文中所謂「惄朝廷之失權，忿強臣之竊命」，反映出問題的癥結在君臣權力的衝突上。國君為鞏固權力，唯恐賢能者竊取其權位，所以有賢才者不被重用，被重用者並非賢才，因而術不能發揮因任授官、循名責實的作用，尚書尊隆、裁抑相權的現象，歸究其原因就是「勢」與「術」無法平衡的結果。也就是君「勢」高漲，「術」的用人方法不能落實，又由於術由國君所操持，反成為強化君「勢」的工具。

第三節　漢代「酷吏專橫」的君主集權現象

在探討漢代酷吏專橫之前，首先令人質疑的是，漢代

是否具備形成酷吏專橫的環境？因為漢高祖初入關曾約法三章，文景時期則實行黃老之治，武帝時期又獨尊儒術，酷吏似乎無形成的空間。所以本文先對高祖約法三章、文景之治及武帝尊儒的真象作一了解。

梁玉繩曾記載：

> 《漢書‧刑法志》曰：漢興，約法三章，網漏吞舟之魚，然其大辟，尚有夷三族之令。又考惠帝四年，始除挾書律。呂后元年，始除三族罪、妖言令。文帝元年，始除收　諸相坐律令。二年，始除誹謗律。十三年，除肉刑。然則秦法未嘗悉除，三章徒為虛語，《續古今考》所謂一時姑為大言以慰民也。蓋三章不足禁姦，蕭何為相，采　秦法，作律九章，疑此等皆在九章之內。[25]

這段記載中，明白說「秦法未嘗悉除，三章徒為虛語」，所以分別在漢惠帝四年(西元前一九一年)除挾書律，[26]文帝元年、二年及十三年(西元前一六七年)除相坐律、誹謗律及肉刑。[27]據此證明漢律基礎仍為嚴厲的秦法。

至於漢初雖然實行黃老之治，但是根據《史記‧張釋之馮唐列傳》記載文帝乘輿，有人犯蹕，張釋之依法罰金，文帝則以為罪輕。[28]〈酷吏列傳〉記載景帝重用酷吏郅都、

---

25 梁玉繩，《史記志疑》(上海：上海商務印書館，1936 年出版)，卷六，頁 223。
26 《漢書‧惠帝紀》，頁 90。
27 《漢書‧文帝紀》，頁 110，118，125。
28 《史記‧張釋之馮唐列傳》，頁 1129。

寧成之屬，人人惴恐。[29]文景時期的政治運作中，黃老之治與嚴刑峻罰實際上是並存的。

又武帝奉儒術為正統，有「春秋斷獄」的政策，也就是用《春秋》的觀點作為定罪量刑的依據。因此，事實上並不是不用律法，而是用儒術來包裝律法罷了。[30]舉例如下：

> 廣陵王荊有罪，帝以至親悼傷之，詔儵與羽林監南陽任隗雜理其獄。事竟，奏請誅荊。引見宣明殿，帝怒曰：諸卿以我弟故，欲誅之，即我子，卿等敢爾耶！儵仰而對曰：天下高帝天下，非陛下之天下也。春秋之義，君親無將，將而誅焉。…如令陛下子，臣等專誅而已。[31]

文中「春秋之義，君親無將，將而誅焉」的「將」是叛逆之義。廣陵王有犯上作亂的思想，於是引春秋之義認

---

29 《史記・酷吏列傳》，頁 1295。

30 所謂儒術，「術」的涵義為何呢？晁錯曾說：「人主之所以尊顯功名，揚於萬世之後者，以知術數也。」(《漢書・晁錯傳》，頁 2277。)依顏師古注，此術數之意為：「法制治國之術」。公孫弘則曰：「擅殺生之柄，通壅塞之塗，權輕重之數，論得失之道，使遠近情偽必見於上，謂之術。」(《漢書・公孫弘傳》，頁 2616。)因此，所謂儒術，限指儒家學說中尊君御下之方法，並未涵蓋所有的儒家學說。熊十力認為兩漢所尊之儒術絕非真孔學。他說：「孔門群籍，雖自漢興，多獻於朝，而漢朝固任其廢棄，莫肯護惜。所以然者，漢武與董仲舒定孔子為一尊，實則其所尊者非真孔學，乃以祿利誘一世之儒生，盡力發揚封建思想與擁護君主統治之邪說，而托於孔子，以便號召。故漢儒所弘宣之六藝經傳，實非孔門真本。」又說：「漢人尊孔，乃以竄亂之經書及其偽說，假藉孔子，以達其擁護皇帝之私圖，自是偽儒學興，而孔門相傳之真儒學，不可睹矣。」熊十力，《原儒》(台北：明倫書局，1971 年出版)，頁 20 及 34。

31 《後漢書・樊儵傳》，頁 1123。

為應受死刑。春秋斷獄是有流弊的，因為經典文字簡約，非規範性文字，直接引用往往斷章取義。甚至執政者可拋開法律，根據主觀意識決定刑罰，並無固定標準。當時執行法律者多「習文法吏事」者，所以反而讓有心人，得外藉儒術而內行嚴刑峻法。[32]

　　根據上述，漢代有形成酷吏的環境。而酷吏橫行也是漢代普遍的現象，[33]司馬遷曾論述說：

> 自張湯死後，網密，多詆嚴，官事寖以耗廢。九卿碌碌奉其官，救過不贍，何暇論繩墨之外乎！[34]

　　上文中的張湯是武帝時的酷吏，張湯修改律令後，律法嚴密繁多，所以官員碌碌奉其官，「救過不贍，何暇論繩墨之外乎！」官吏誠惶誠恐的謹守繩墨，不敢逾越職分也不敢作事。這種酷吏氾濫導致官員碌碌的行徑，國君不加以禁止，其放任的心態顯然可推知。

　　至於酷吏治獄嚴密，牽連廣泛，史書記載：

---

32 劉師培說：「援公羊以傅今律，名曰引經決獄，實則便于酷吏之舞文。時公孫弘亦治春秋，所為之策尚德緩刑，約符仲舒之旨，然諳習文法吏事，緣飾儒術，外寬內深，睚眥必報。此則外避法吏之名，內行法吏之實，以儒術輔法吏，自此始矣。」劉師培，《儒學法學分歧論》，收入《劉申叔先生遺書》(台北：華世出版社，1975年出版)。

33 《史記・酷吏列傳》《後漢書・酷吏傳》《漢書・刑法志》多有記載。《史記・酷吏列傳》所記載之酷吏，有郅都、甯成、周陽由、趙禹、張湯、義縱、王溫舒、尹齊、減宣、杜周等人。《後漢書・酷吏傳》記載東漢光武帝、章帝、順帝及桓帝時期之酷吏亦不乏其人。其治獄之殘烈，據《漢書・刑法志》說：「今之聽獄者，求所以殺之；古之聽獄者，求所以生之。…今之獄吏，上下相驅，以刻為明，深者獲功名，平者多後患。」頁1109-1110。

34 《史記・酷吏列傳・太史公曰》，頁1304。

> 至周為廷尉，詔獄亦益多矣。…廷尉及中都官詔獄，
> 逮至六七萬人，吏所增加十萬餘人。…天子以為盡力
> 無私，遷為御史大夫。…其治暴酷，皆甚於王溫舒等
> 矣。[35]

所以班固說：「今郡國被刑而死者歲以萬數，天下獄二千餘所。」[36]官員、人民受刑法之威脅可想而知。

國君為什麼不禁止上述這種酷吏專橫、嚴刑峻法的現象呢？可用胡樸安批評商鞅的話來說明其中原因，他說：

> 國家對於人民，有無上之權威，所以務在嚴刑以臨
> 民。…特是國家與君主不分，刑罰太峻，君權必尊。
> 極其流弊，法律將失效力，此君主之意思，強使人民
> 之必從，造成君主專制之政治。[37]

換句話說，在君主專制體制下，君權無限，最能表現君主權威者，則為賞罰之行使。人君具有制定法律的權力，執行賞罰的權力又出自國君，所以法治中的最高權威並非法律而是國君。在法治與君權意識結合下，國君為強化君「勢」，「法」成為「勢」的工具，所以漢代酷吏專橫、嚴刑峻法，就是「勢」與「法」無法平衡發展。因此法不但不能發揮它正面的價值，反而成為摧殘臣民的殘酷工具，而流於嚴峻，造成「尚法而無法」[38]的現象。

---

35 《史記‧酷吏列傳》，頁 1303-1304。
36 《漢書‧刑法志》，頁 1109。
37 《商君書解詁》，胡序，頁 7。
38 《荀子‧非十二子篇》，頁 93。

第四節　法術勢失衡的檢討

　　事實上，尚書尊隆與酷吏專橫的歷史現象不僅出現在漢代，二者可說是我國專制政體下的獨特產物。我們已追溯出問題的根源是出在法家學說法術勢三綱領無法平衡運作所導致的不良影響，這也是韓非等法家人物始料未及的。韓非等法家學說目標在富國強兵，而史實卻說明其學說反而造成了朝政上的困境。為什麼會有這種現象產生呢？這可能是法家學說有其盲點存在。

　　在商鞅、韓非的學說理論基礎下，君臣之間的相對待其實是處於一定的緊張關係中。尤其在君主集權政治下，人君乃世襲產生，為管理眾人之事，必須任人用才以濟君主專制之窮，以及制定法律作為治理天下之標準。是以君主所憑藉的不外是官僚與法律以統理眾人。因此，國君首先面對的是總理官僚的問題。至於君如何使令臣？臣何以聽命於君？商鞅以及韓非提出了君臣間的「計合」觀點來解釋，認為君臣之間各取所需，兩得其利。

　　商鞅說：

　　　　民生則計利，死則慮名。…民之性，肚而取長，稱而
　　　　取量，權而索利。[39]

39　《商君書・算地篇》，頁 27-28。

韓非說：

> 臣盡死力以與君市，君垂爵祿以與臣市。君臣之際，
> 非父子之親也，計數之所出也。君有道，則臣盡力而
> 姦不生；無道，則臣上塞主明而下成私。[40]

文中強調君計臣力，臣計君祿，臣盡力端在「君垂爵
祿以與臣市」，「市」有交易的意思，認為君臣間以利益交
換維繫彼此的關係。「君臣異利」的理念出自韓非〈飾邪篇〉
及〈內儲說下篇〉。他說：

> 故君臣異心，君以計畜臣，臣以計事君。君臣之交，
> 計也；害身而利國，臣弗為也；害國而利臣，君不行
> 也。臣之情，害身無利；君之情，害國無親。君臣也
> 者，以計合者也。至夫臨難必死，盡智竭力，為法為
> 之。[41]

又說：

> 君臣之利異，故人臣莫忠。故臣利立而主利滅。是以
> 姦臣者，召敵兵以內除，舉外事以眩主；苟成其私利，
> 不顧國患。[42]

基本上在傳達君臣交計，君之利在國，臣之利在己的
對壘立場。〈內儲說下篇〉進而舉孟孫、叔孫、季孫、以及
公叔、翟璜、大成午、司馬喜、呂倉、宋石、白圭諸重臣，
或相戮力威迫國君，或暗中勾結強敵，以鞏固一己地位，

---

40 《韓非子・難一篇》，頁 800。
41 《韓非子・飾邪篇》，頁 311。
42 《韓非子・內儲說下篇》，頁 572。

說明了「臣利立,而主利滅」之利害關係。此外,他在〈亡徵篇〉列舉國家招致滅亡的徵象有四十七種,其中關於權臣太重,君權相對削弱而亡國之徵象達七種之多。[43]〈愛臣篇〉更明白說明君主大害,在於諸侯博大及官吏殷富。[44]強調君主宜疏遠廢斥不積極為君主效力,而積極發展自己勢力之將相。所謂「知臣主之異利者王,以為同者劫,與共事者殺。」[45]所以他要察「八姦」、除「五壅」,[46]否則國富兵強只是「資人臣」而已。又如〈孤憤篇〉所言:「國地削而私家富,主上卑而大臣重。故主失勢而臣得國,主更稱蕃臣,而相室剖符,此人臣之所以譎主便私也。」[47]換言之,聽任權臣而祿秩過功、專制擅命,以致壅塞主斷或內黨外援,必將動搖國家及君主利益。

　　此觀念的基礎,是由自利的人性論發展出來的。韓非

43　《韓非子‧亡徵篇》記載條列如下:「國小而家大者,權輕而臣重者,可亡也。」「聽以爵,不以眾言參驗,用一人為門戶者,可亡也。」「大臣兩重,父兄眾強,內黨外援,以爭是勢者,可亡也。」「貴人相妒,大臣隆盛,外藉敵國,內困百姓,以供怨讎,而人主弗誅者,可亡也。」「大臣甚貴,偏黨眾強,壅塞主斷,而重擅國者,可亡也。」「父兄大臣,祿秩過功,章服侵等,宮室供養太侈,而人主弗禁,則臣心無窮,臣心無窮者,可亡也。」頁 267-269。

44　《韓非子‧愛臣篇》:「愛臣太親,必危其身。大臣太貴,必易主位。主妾無等,必危嫡子。兄弟不服,必危社稷。臣聞千乘之君無備,必有百乘之臣在側,以徙其民而傾其國。萬乘之君無備,必有千乘之家在其側,以徙其威而傾其國。是以姦臣蕃息,主道衰亡。是故諸侯之博大,天子之害也;群臣之太富,君主之敗也。將相之後主而隆家,此君人者所外也。」頁 60。

45　《韓非子‧八經篇》,頁 1005。

46　《韓非子‧八姦篇》,頁 151 及《韓非子‧主道篇》,頁 68。

47　《韓非子‧孤憤篇》,頁 209。

的人性論師承荀子，荀子有性惡之論，他說：

> 人之性惡，其善者偽也。[48]

從荀子「生而有好利焉」、「生而有疾惡焉」、「生而有耳目之欲有好聲色焉」[49]等欲求上言人之性惡。不過仍肯定人之向上心，他說：

> 生之所以然者謂之性，…性之好惡喜怒哀樂謂之情，情然而心為之擇謂之慮，心慮而能為之動謂之偽。慮積焉，能習焉而後成謂之偽。[50]

上述是荀子將心獨立於性之外，透過心知，仍可化性起偽，積偽成聖。荀子之心，則非道德之自覺心而為認知虛靜心，與性相離為二。情來自性，其外發則為欲，故曰：「從人之性，順人之情，必出於爭奪。」[51]這種性惡論述是來自生理的需要，且可透過教化來節制。

韓非對人性的考察即從此角度切入，於〈備內〉、〈六反〉、〈二柄〉、〈內儲說上〉、〈內儲說下〉、〈外儲說左上〉諸篇，屢次言及人性自利現象。[52]並透過醫者、輿人、匠人、君臣、

---

48 《荀子·性惡篇》，頁 434。
49 《荀子·性惡篇》，頁 434。
50 《荀子·正名篇》，頁 412。
51 《荀子·性惡篇》，頁 434-435。
52 〈備內篇〉：「醫善吮人之傷，含人之血，非骨肉之親也，利所加也。輿人成輿則欲人之富貴；匠人成棺則欲人之夭死也。非輿人仁而匠人賊也。人無貴則輿不售；人不死則棺不買。情非憎人也，利在人之死也。」頁 290。〈二柄篇〉：「人臣之情非必能愛其君也，為重利之故也。」頁 112。又〈六反篇〉：「父母之於子也，產男則相賀，產女則殺之。此俱出父母之懷衽，然男子受賀，女子殺之者，慮其後便，計之長利也。故父母之於子也，猶用計算之心相待也，而況無父子之澤乎。」

父母各層面，強調自利人性的普遍存在。以〈外儲說左上〉
為例，他說：

> 人為嬰兒也，父母養之簡，子長而怨，子盛壯成人，
> 其供養薄，父母怨而誚之。子父至親也，而或譙或怨
> 者，皆挾相為而不周於為己也。夫買庸而播耕者，主
> 人費家而美食，調錢布而求易者，非愛庸客也，曰：
> 如是，耕者且深，耨者且熟耘也。庸客致力而疾耘耕，
> 盡功而正畦陌者，非愛主人也，曰：如是，羹且美，
> 錢布且易云也。此其養功力，有父子之澤矣，而必調
> 於用者，皆挾自為心也。故人之行事施予，以利之為
> 心，則越人易和；以害之為心，則父子離且怨。[53]

上述是韓非從實際生活的觀察，主客之間絕無情感存
在，而相待之厚，乃因雙方挾自為之心使然。此外，〈備內
篇〉又言及政爭之下，姦臣利用君主的妻室，達到自己的
意圖。例如春秋時，晉國的優施就慫恿驪姬，殺害太子申
生，然後立奚齊作太子，並驅逐群公子。[54]暴露人性無父子

頁 949。〈內儲說下篇〉：「君臣之利異，故人臣莫忠。故臣利立，而主
利滅。是以姦臣者，召敵兵以內除，舉外事以眩主。苟成其私利，不
顧國患。」頁 572。〈內儲說下篇〉：「衛人有夫妻禱者，而祝曰：『使
我無故，得百束布！』其夫曰：『何少也？』對曰：『益是，子將以買
妾。』」頁 581。張素貞，《韓非子思想體系》(台北：黎明文化事業公
司，1974 年出版)，頁 51 至 59，從人民、君臣、父子、夫妻等各角度
歸納韓非所論及的人性之惡。

53 《韓非子·外儲說左上篇》，頁 638-639。

54 《韓非子·備內篇》說：「為人主而大信其妻，則姦臣得乘於妻以成
其私，故優施傅麗姬，殺申生而立奚齊。夫以妻之近與子之親，而猶
不可信，則其餘無可信者矣。且萬乘之主，千乘之君，后妃夫人，適

之愛、夫妻之情及君臣之義的悲哀。

　　韓非順此人性弱點以規範臣民，因此，「君臣異利」理念不僅憑藉其人性論得以成立，且從人性論中尋得一套因應方式。他說：

> 設民所欲，以求其功，故為爵祿以勸之；設民所惡，以禁其姦，故為刑罰以威之。慶賞信而形罰必，故君舉功於臣，而姦不用於上。[55]

　　換言之，韓非不但不杜絕自為心，甚至因勢利導，藉刑賞滿足君臣交計心理，轉化而為完成公利之動力。也就是韓非挾自利人性，並不思改造，反順此惡而運用。誠如唐君毅所言：

> 然韓非於此人之自為心心或為自己利害計慮之私，則指視如一客觀事實而視之；由此而于君與臣民之恆在窺伺中，以各為其利、各爭其權等，亦指視為一客觀事實而觀之，更未嘗為之感嘆，或謀有所以為此人心之教化之道。[56]

　　所以由君臣異利現象，凸顯了君臣的相對立關係。

　　在「君臣異利」對人才不信任的基礎上，「術」的循名

子為太子者，或有欲其君之蚤死者。…夫妻者，非有骨肉之親者，愛則親，不愛則疏。…此后妃夫人之所以冀其君之死者也，唯母為后，而子為主，則令無不行，禁無不止，男女之樂，不減於先君，而擅萬乘不疑，此鴆毒扼昧之所以用也。」頁 289。

55 《韓非子‧難一篇》，頁 800。

56 唐君毅，《中國哲學原論‧原道篇》(台北：學生書局，1978 年出版)，頁 524 至 525。

責實的用人方法和「法」的公正客觀標準，倘若可以正常推行，賢臣對君主也會形成威脅。例如史書上記載「自魏其武安之厚賓客，天子常切齒。」[57]以及「淮南王安為人好書、鼓琴，…亦欲以行陰德拊循百姓，流名譽，招致賓客方術之士數千人。」遂遭冤獄。[58]在君臣異利下，國君不願意諸侯王有優質的表現。所以徐復觀曾說：

> 附麗在專制皇帝的周圍，以反映專制皇帝神聖身份的諸侯王，只准其壞，不准其好；『禽獸行』的罪惡，絕對輕於能束身自好而被人所稱道的罪惡，這是專制政體中的一大特色。[59]

第五節 小 結

韓非以「術」督責人事，以「勢」鞏固統治權力，以客觀化的「法」推動勢與術的運作。在實際政治上，有治國的必然實效。但是，從漢代尚書尊隆與酷吏專橫的現象了解，韓非法術勢三者間的平衡發展存在困難。就尚書尊隆而言：國君因能授官而重用宰相，但又恐其君勢受威脅，而重用尚書。也就是因能授官的「術」與尊君的「勢」，形成矛盾所衍生的現象。就酷吏專橫而言：由於國君掌握賞

---

57 《史記·衛將軍驃騎列傳》，頁 1212。
58 《漢書·淮南厲王傳》，頁 2145。
59 徐復觀，《兩漢思想史》(台北：學生書局民，1985 年出版)，頁 182。

罰，又君主不一定具有才德，所以有律令嚴密繁多及藉儒術緣飾吏事的流弊發生。國君超越於法，所以法成為人君統治人民的工具。也就是客觀公正的「法」成為君「勢」的副屬品。

　　至於法術勢不能平衡發展的原因，在「勢」操縱了「法」與「術」，也就是君權的行使得當與否是其關鍵。上述也分析韓非「自利人性論—君臣異利」論點的不良誤導，對君權不能有效的制約，形成了學說實行上的困境。所以統治者不能徹底實行韓非法術勢兼備的學說，也扭曲了韓非學說。本章試圖為漢代尚書尊隆及酷吏專橫的問題尋出根源，可得知是君主權力獨大法術勢無法平衡所導致，而法術勢的無法平衡發展，在韓非學說未妥善處理君臣關係已顯露出端睨，這可說是韓非學說的盲點。因此，進而體認到法術勢兼備的學說理論，當三者間的力量互有消長時，產生的負面影響是既深且鉅的。

第九章　結　論
——君主集權對漢代社會的影響

　　君主集權對於社會風氣是否會產生影響呢？根據歷史文獻記載，漢代社會崇尚功利奢靡，例如有踰制過節的婚葬習俗[1]、「民棄本逐末，耕者不能半」[2]的捨本趨末現象。漢代學者對當時奢華功利的風氣也多曾表達意見，西漢《鹽鐵論》的〈散不足篇〉，甚至從宮室、車馬、服飾、器械、喪祭、飲食、聲色玩好等方面，檢討當代奢侈浪費的價值觀。[3]劉向《說苑·反質篇》以大量篇幅闡明奢侈浮華的危

---

1 這只是虛文，如王符所說：「富貴嫁娶，車軿駱驛，騎奴侍僮，夾轂節引，富者競欲相過，貧者恥不逮及。」《潛夫論·浮侈》，(漢)王符著，(清)汪繼培箋，《潛夫論箋校正》(北京：中華書局，1985 年出版)，頁130。此外，又有厚葬的風氣，參見蒲慕州，《墓葬與生死》(台北：聯經出版社，1993 年出版)，頁 248。

2 《漢書·貢禹傳》，頁 3075。

3 《鹽鐵論·散不足篇》：「宮室奢侈，林木之蠹也。器械雕琢，財用之蠹也。衣服靡麗，布帛之蠹也。狗馬食人之食也，五穀之蠹也。口腹從恣，魚肉之蠹也。用費不節，府庫之蠹也。漏積不禁，田野之蠹也。喪祭無度，傷生之蠹也。墮成變故傷功，工商上通傷農。故一杯桊用百人之力，一屏風就萬人之功，其為害亦多矣！目脩於五色，耳營於五音，體極輕薄，口極甘脆。功積於無用，財盡於不急。口腹不可為多。故國病聚不足即政怠，人病聚不足則身危。」頁 356。

害性，[4]評論漢武帝時代起，朝廷及社會的奢侈浮虛。[5]王符《潛夫論》、張衡〈二京賦〉和崔寔《政論》等也反映了東漢浮華的社會現象。

矛盾的是，雖然崔寔反奢僭，而《後漢書‧崔寔傳》記載其父親葬禮卻極盡奢侈，[6]顯然他雖有扭轉時風的理想，但仍不免於俗，無法抗拒奢華的潮流。從「天下熙熙，皆為利來；天下攘攘，皆為利往。」[7]的人性觀點來看，追求利益、財富是人類欲望的自然歸趨。不過從人性自利詮釋漢代奢靡社會問題的形成，是一普遍的論點，並不能突出「方今世俗奢僭罔極，靡有厭足。」[8]的問題所在。

漢元帝時貢禹為諫大夫，曾上奏規勸國君宜自我儉約，以改善人民困窮生活。[9]元帝納其言，下詔「令太僕減食穀馬，水衡減食肉獸，省宜春下苑以與貧民，又罷角抵

---

4 《說苑‧反質篇》：「今陛下奢侈失本，淫佚趨末。宮室臺閣，連屬增累；珠玉重寶，積襲成山，錦繡文采，滿府有餘；婦女倡優，數巨萬人；鐘鼓之樂，流漫無窮；酒食珍味，盤錯於前；衣服輕暖，輿馬文飾，所以自奉，麗靡爛漫，不可勝極。…臣等不惜臣之身，惜陛下國之亡耳。」(漢)劉向撰、左松超集證，《說苑集證》(台北：國立編譯館，2001 年出版)，卷第二十，頁 297。

5 徐復觀，《兩漢思想史》(台北：學生書局，1985 年出版)，卷三，頁 99。

6 《後漢書‧崔寔傳》：「寔父卒，剝賣田宅，起冢塋，立碑頌。葬訖，資產竭盡。因困窮，以酤釀販鬻為業。」頁 1731。

7 《史記‧貨殖列傳》，頁 1355。

8 《漢書‧成帝紀》，頁 324。

9 《漢書‧貢禹傳》：「今大夫僭諸侯，諸侯僭天子，天子過天道，其日久矣。承衰救亂，矯復古化，在於陛下。臣愚以為盡如太古難，宜少放古以自節焉。」頁 3070。

諸戲及齊三服官。」[10]並遷貢禹為光祿大夫、御史大夫，位
至三公，在位其間曾數次上書陳言政治得失，對於社會風
氣的敗壞，他說：

> 居官而致富者為雄桀，處姦而得利者為壯士。兄勸其
> 弟，父勉其子。俗之敗壞，乃至於是。察其所以然者，
> 皆以犯法得贖，求士不得真賢，相守崇財利，殊不行
> 之所致也！[11]

上述建言強調當時社會對於居官可以致富、處姦可以
得利者不但不制止，反而視之為雄桀、壯士，甚而父子、
兄弟之間以得利致富相互勸勉。這種功利浮誇的傾向，國
君也不例外，如元帝生活用度就十分龐大[12]。貢禹除檢討當
時風氣外，上書中也提出犯法得贖、求士不得真賢、相守
崇財利三點是形成社會功利化的原因。

由於犯法得贖、求士不得真賢、相守崇財利三項根源
問題主導權在上位者，也就是貢禹認為社會敗壞的關鍵與
上行下效有關，[13]有規勸上位者不宜濫用職權的意味。至於

10　《漢書・貢禹傳》，頁 3073。
11　《漢書・貢禹傳》，頁 3077。
12　《漢書・貢禹傳》：「方今(元帝)齊三服官作工各數千人，一歲費數巨
　　萬。蜀廣漢主金銀器，歲各用五百萬。三工官費五千萬，東西織室亦
　　然，廄馬食粟將萬匹。…東宮之費亦不可勝計。」頁 3070。
13　馬廖〈上明德太后疏〉也提出「上有所好，下必有甚焉」的情況下，
　　人民亦崇尚奢華。他說：「臣案前世詔令以百姓不足，起於世尚奢靡。…
　　夫改政移風必有其本，傳曰：吳王好劍客，百姓多創瘢；楚王好細腰，
　　宮中多餓死。長安語曰：城中好高髻，四方高一尺；城中好廣眉，四
　　方且半額。城中好大袖，四方全匹帛。斯如戲言，有切事實。…今陛
　　下躬服厚繒，斥去華飾，素簡所安，發自聖性。此誠上合天心，下順

此三點反映國君或官僚階層的那些問題？對於社會價值觀
又產生如何的衝擊，將作進一步的解析。

第一節　形成社會的功利價值觀

貢禹所說的「犯法得贖」反映了皇權的擴大與濫用，
此現象可上溯到武帝時期：

> 武帝始臨天下，重賢用士，闢地廣境數千里。自見功
> 大威行，遂縱嗜欲，用度不足乃行一之變，使犯法者
> 贖罪，入穀者補吏。是以天下奢侈，官亂民貧，盜賊
> 並起，亡命者眾，…。[14]

《漢書》又有一段記載：

> (武帝即位)干戈日滋，…財賂衰耗而不澹。入物者補
> 官，…府庫並虛，乃募民能入奴婢得以終身復，為郎
> 增秩，及入羊為郎始於此。…有司請令民得買爵及贖
> 禁錮免罪。[15]

由上述可知犯法得贖的原因是武帝擴張軍事開闢土地
以及放縱嗜欲形成用度不足，所產生的一時權宜之計。根
據〈食貨志〉的記載除犯法得贖外，又開放人民買爵以增
加府庫收入，已破壞了法律的公平性。

民望，浩大之福，莫尚於此。」《後漢書・馬廖傳》，頁 853。
14 《漢書・貢禹傳》，頁 3077。
15 《漢書・食貨志下》，頁 1157-1159。

　　此外，武帝「外事四夷之功，內盛耳目之好，徵發煩數，百姓貧耗，窮民犯法，酷吏擊斷，奸軌不勝。」[16]為了鞏固政權禁止窮民犯法，又修改法令，於是招進張湯、趙禹等條定法令，「作見知故縱、監臨部主之法」[17]。「監臨部主見知故縱」就是見知犯罪而故意不舉發則同罪，不知不見則不連坐。武帝任用崇尚刑名之學的酷吏來整飭社會，以維繫綱紀，律法條目變多，內容也更加龐雜。[18]至元帝時，已是「律令煩多而不約，知典文者不能分明。」[19]

　　上述君主基於滿足個人功業、欲望，以及國庫不足等原因，破壞法律的公開性、公平性、標準性等特質，尤其修改法令使犯法得贖，以彌補國庫，是皇權過度使用的結果。

　　蕭望之〈駁張敞入穀贖罪議〉中曾針對犯法得贖分析其流弊有二：

　　(一)「今民量粟以贖罪，如此則富者得生，貧者獨死。是貧富異刑而法不壹。」

　　(二)「人情貧窮，父兄囚執，聞出財得以生活，為人子弟者將不顧死亡之患，敗亂之行，以赴財利，求救親

16　《漢書・刑法志》，頁 1101。
17　《漢書・刑法志》，頁 1101。
18　《漢書・刑法志》記載：「律令凡三百五十九章，大辟四百九條，千八百八十二事，死罪決事比三萬三千四百七十二事。文書盈於几閣，典者不能遍睹。是以郡國承用者駮，或罪同而論異。姦吏因緣為市，所欲活則傅生議，所欲陷則予死比，議者咸冤傷之。」，頁 1101。
19　《漢書・刑法志》，頁 1103。

戚。」[20]

　　上述第一點強調犯法得贖是凸出貧富之間的不同待遇，破壞了律法的標準性。賞罰失去標準和客觀性，人民無所適從。第二點評論入穀贖罪形成「富者得生，貧者獨死」現象，人民自然趨向求利求財，甚至不惜以橫暴行為來取財取利。所以天漢四年，頒布「死罪人入五十萬錢，減死罪一等」的法令，之後反而形成「姦邪橫暴，群盜並起，至攻城邑，殺郡守，充滿山谷，吏不能禁。」[21]的形勢。盜賊可入穀贖罪，可能促使其為所欲為而姦邪橫暴並起。至於窮民犯法則挺而走險，藉強奪錢財以救贖罪責。

　　犯法得贖除上述為供應國君擴張領土經費外，同時也為滿足生活的縱欲，尤其後者更塑造國君至高無上的形象。以起居的宮室為例：未央宮就極為壯觀，其規制「深五十丈，高三十五丈」[22]，規模宏大，用意不外是以壯麗雄偉的宮殿來顯示國君威望。[23]以遊玩觀賞為例：揚雄〈羽獵賦〉曾鋪述天子狩獵場面的壯觀，敘述武帝擴建上林苑，土地遼闊，並挖掘昆明池，營建宮室，又造仙山，窮盡奇妙華麗。[24]以飲食日用為例：皇帝的用度耗費極為驚人。如

<hr />

20　《漢書・蕭望之傳》，頁 3275。
21　《漢書・蕭望之傳》，頁 3278。
22　(清)孫星衍、莊逵吉校定，《古本三輔黃圖》(台北：世界書局，1984年出版)，頁 19。
23　《漢書・高帝紀》：「蕭何治未央宮，立東闕、北闕、前殿、武庫、太倉，…非令壯麗，亡以重威。」頁 64。
24　《漢書・揚雄傳上》，頁 3541。

元帝時「齊三服官作工各數千人，一歲費數巨萬。」[25]又如上林苑中「養百獸，禽鹿嘗祭祠、祀賓客，…。佽飛具繒繳，以射鳧鴈，應給祭祀。置酒，每射，收得萬頭以上，給太官。」[26]以喪葬習俗為例：漢天子即位即以三分之一的貢賦修陵，又皇帝陵墓隨葬品豐富，貢禹記載昭帝的厚葬說：「昭帝幼弱，霍光專事，不知禮正，妄多藏金錢財物鳥獸魚鱉牛馬虎豹生禽，凡百九十物，盡瘞臧之，又皆以後宮女，置之園陵，大失禮，逆天心，又未必稱武帝意也。」[27]以上藉由奢華生活呈現君主至高形象，對民間百姓形成負面的示範作用，流風所及，往往成為社會價值取向，財富名利成為社會成員競相追逐的指標。所以漢人有不是為吏就是從商的流傳，即所謂「仕不至二千石，賈不至千萬，安可比人乎？」[28]的功利價值趨向。

犯法得贖是擁有財富即可贖罪，除助長社會的功利化，同時也激化貧富階層的關係，所以貢禹認為「今欲興至治，致太平，宜除贖罪之法。」[29]

---

25 《漢書・貢禹傳》，頁 3070。

26 (漢)衛宏，《漢官舊儀》(上海：上海商務印書館，1936 年出版)，卷下，頁 16-17。

27 《漢書・貢禹傳》，頁 3070-3071。

28 《漢書・酷吏傳・寧成傳》，頁 3650。

29 《漢書・貢禹傳》，頁 3078。

第二節　形成察舉不實、吏治不清現象

　　此部分是針對貢禹所說的求士不得真賢而言。漢代求賢方法當中具有公信力的是建立選拔官吏的察舉制度。漢高祖有求賢詔書[30]，徵召治國的賢士智人，就其品行、健康、年齡各方面，實行考核。文帝時有求「賢良方正」詔令，[31] 至武帝採納董仲舒建議，令郡國推舉人才，由朝廷錄用為官，即所謂「察舉制」。察舉中以賢良方正及孝廉二科，應選者特盛，為漢入仕重要途徑。[32]察舉制度由地方長官郡太守等推行，邊遠地區的人才也可以透過推薦至中央任事，擴大了政府人才的來源。

　　除察舉制外，漢代尚以任子及納粟拜爵等方式給予官

30　《漢書‧高帝紀》：「今吾以天之靈，賢士大夫定有天下，以為一家，欲其長久，世世奉宗廟無絕也。賢人已與我共平之矣；而不與吾共安利之，可乎？賢士大夫有肯從我游者，吾能尊顯之。布告天下，使明知朕意。御史大夫昌下相國，相國酇侯下諸侯王，御史中執法下郡守，其有意稱明德者，必身勸，為之駕，遣詣相國府，署行、義、年。有而弗言，覺，免。年老癃病，勿遣。」頁71。

31　《漢書‧文帝紀》：二年，「詔曰：…乃十一月晦，日有食之。…唯二三執政猶吾股肱也。…及舉賢良方正直言極諫者，以匡朕之不逮。」十五年，詔「諸侯王，公卿、郡守，舉賢良能極言直諫者。」頁116及頁127。

32　馬端臨說：「漢世諸科，雖以賢良方正為至重，而得人之盛，則莫如孝廉。」《文獻通考》卷三十四〈選舉考七〉(北京：中華書局，2011年出版)，頁991。

職，二者則無客觀原則可尋。「任子制」顧名思義是保任自家子弟，[33]是為權貴子弟的仕進授與特權。納粟拜爵是自武帝時因應邊境用兵，凡入錢財、穀物、牲畜及奴婢者，就可擔任官職。二者不重視考核，是以地位或錢財為任官的考量依據。

　　任子為官在兩漢選官制度中所占比例不大，[34]人數雖不多，但作用影響卻不小。權貴子弟得以透過任子制的庇蔭出任郎官等職，達官權貴亦藉此制將其權位世代承襲。例如：桓帝延熹中，「是時宦官方熾，任人及子弟為官，布滿天下，競為貪淫，朝野嗟怨。」[35]又如梁冀專朝，「猶交結左右宦官，任其子弟、賓客為州郡要職，欲以自固恩寵。」[36]

　　至於漢代納粟拜爵的實行頗為普遍，例如：

　　(一)成帝永始二年，詔入穀賑災者，「其百萬以上，加賜爵右更，欲為吏，補三百石。其吏也遷二等，三十萬以上，賜爵五大夫，吏亦遷二等，民補郎。」[37]

　　(二)東漢安帝永初三年，朝廷復計金授官，「三公以國

33　《漢書·哀帝紀》應劭注：「任子令者，漢儀注：吏二千石以上視事滿三年，得任同產若子一人為郎。」頁337。

34　《漢書·百官公卿表》所記載的三公九卿共五百二十九人，其中從「任子」入仕者共十七人。約占三公九卿人數的百分之二點三可知。廖曉晴，〈兩漢任子問題之探討〉，《遼寧大學學報》1983年，第五期。

35　《後漢書·楊震列傳附楊秉傳》，頁1772。

36　(宋)司馬光撰、(宋)胡三省注，《資治通鑑》(台北：逸舜出版社)，卷四十五〈漢紀〉，頁1720。

37　《漢書·成帝紀》，頁321。

用不足，奏令吏人入穀錢，得為關內侯、虎賁羽林郎、五大夫、官府吏、緹騎營士各有差。」[38]

(三)桓帝延熹四年，「占賣關內侯、虎賁、羽林、緹騎營士、五大夫，錢各有差。」[39]

(四)靈帝光和元年，不但「初開西邸賣官，自關內侯、虎賁、羽林，入錢各有差。」且私令左右賣公卿，「公千萬，卿五百萬。」[40]所賣官爵愈來愈高，若有錢而不買官者，則多被強迫為之。故史書記載，「時拜三公者，皆輸東園禮錢千萬，令中史督之，名為左騶。」[41]

上述任子制及納粟拜爵不經過考試、不問才德如何，而被任命為官，破壞朝廷因能任職的標準，自然漸漸形成不公平的現象。

更甚者，察舉制求賢良與孝廉，在實行過程中，時人為求美名，往往有虛偽喪實的流弊出現。例如《後漢書》記載：

> (許)祖父武，太守第五倫舉為孝廉，武以二弟晏、普未顯，欲令成名…於是共割財產以為三分，武自取肥田廣宅，奴婢強者，二弟所得悉劣少。鄉人皆稱弟克讓，而鄙武貪婪。晏等以此並得選舉。武乃會宗親，泣曰：『吾為兄不肖，盜聲竊位，二弟年長，未豫榮

38　《後漢書・孝安帝紀》，頁 213。
39　《後漢書・孝桓帝紀》，頁 309。
40　《後漢書・靈帝紀》，頁 342。
41　《後漢書・羊續傳》，頁 1111。

祿，所以求得分財，自取大譏，今理產所增三倍於前，悉以推二弟，一無所留』。於是郡翕然，遠近稱之。[42]

　　許荊為使二弟透過察舉得官爵，而由分財產中自己取得肥田廣宅，二位弟弟分得田宅既劣奴婢又少，藉此以塑造二位弟弟「悌」、「讓」的形象。此例「不獨可觀見東漢考選浮偽之濫，而世俗欺紿之弊，其禍患為何如，自不難得知。」[43]同時有「權富子弟多以人事得舉，而貧約守志者以窮退見遺。」[44]的現象。舉主與故吏之間，也往往形成「表舉薦達，例皆門徒，及所辟召，靡非先舊。」[45]的依附關係。用人失去客觀標準，營私舞弊，范曄說：

　　　　州郡察孝廉秀才…榮路既廣，觖望難裁，自是竊名偽服，浸以流競，權門貴仕，請謁繁興。[46]

　　權門貴仕的請託，致使門閥士族壟斷仕途，寒門難以貢獻才能。時人諷刺說：

　　　　舉秀才，不知書；察孝廉，父別居。[47]

　　　　名實不相副，求貢不相稱。富者乘其材力，貴者阻其勢要，以錢多為賢，以剛強為上。[48]

42　《後漢書・許荊傳》，頁 2471。
43　劉文起，《王符潛夫論所反映之東漢情勢》(台北：文史哲出版社，1995 年出版)，頁 177。
44　《後漢書・黃瓊傳》附黃琬傳，頁 2040。
45　《後漢書・李固傳》，頁 2084。
46　《後漢書・左雄傳》論曰，頁 2042。
47　(宋)郭茂倩編，《樂府詩集》(台北：商務印書館，1968 年出版)，第八十七卷〈雜歌謠辭五・後漢桓靈時謠〉，頁 992。
48　《潛夫論・考績》，(漢)王符著，(清)汪繼培箋，《潛夫論箋校正》(北京：中華書局，1985 年出版)，頁 68。

上述的任子制、納粟拜爵或察舉制中，賢能與否已不是首要條件，具有錢財權貴則容易獲取官職，所謂「以錢多為賢，以剛強為上」是功利風氣的寫照。所以貢禹說：「相守選舉不以實，及有臧者，輒行其誅，亡但免官，則爭盡力為善，貴孝弟，賤賈人，進真賢，舉實廉，而天下治矣。」[49]

漢代士人普遍存在以知識換取祿位的觀念，例如《漢書》記載夏侯勝每講授，常告訴諸生：「士病不明經術，經術苟明，其取青紫如俛拾地芥耳，學經不明，不如歸耕。」[50]「青紫」指官祿之意，可見當時上以官祿而勸經，下為利祿而習經，士人讀經目的為了作官，[51]為學養成趨炎附利的功利價值取向，也影響為官的操守。所以上文所述有州郡察舉的不實，至於考課不公等吏治不清情形也存在，也就是貢禹所說的相守崇財利現象。

漢代考課官吏的方式，大抵以「案比」及「上計」為基礎。[52]地方受計者為郡，縣道上其計簿，由郡守考課。[53]

49　《漢書・貢禹傳》，頁 3078。
50　《漢書・夏侯勝傳》，頁 3159。
51　《漢書・儒林傳》贊：「自武帝立五經博士，開弟子員，設科射策，勸以官祿，訖於元始，百有餘年。傳業者寖盛，支葉繁滋。一經說至百餘萬言，大師眾至千餘人，蓋利祿之路然也。」頁 3620。
52　「案比」是朝廷為確保賦稅、繇役及兵役來源而實施之戶籍登記。「案比」之後則有「上計」，是下級向上級、地方向中央上報。藉上計考核官吏，其考課範圍甚廣，舉凡租稅收入、戶口增減、盜賊、治獄、農桑及災害賑濟等，多列入檢核。再根據考課評定之等第進行獎懲。參見《後漢書・百官志五》，頁 3621。
53　《後漢書・百官志五》劉昭補注：「凡郡國皆掌治民，進賢勸功，決

朝廷的受計者，西漢時在中央為丞相、御史二府，東漢時
則由司徒或尚書主持。

　　不過，考績關係官吏的仕進，舞弊現象因而時有發生，
貢禹即說：

> 郡國恐伏其誅，則擇便巧史書習於計簿，能欺上府
> 者，以為右職，…欺謾而善書者尊於朝。[54]

　　因此，建昭年間，京房向元帝提出「考功課吏法」，[55]這
是針對當時社會官吏職分不明，欲整頓考課之法而提出
者。京房雖努力求考功課吏法的推行，但因石顯、五鹿充
宗等權貴的阻撓，京房以身殉法，考課之法亦未施行。東
漢之後，郡守怠忽職守現象很普遍。[56]上至尚書三公，下至
州郡縣邑，「不思立功，貪殘專恣」，又不督導下級官吏，
所以「尚書不以責三公，三公不以讓州郡，州郡不以討縣

訟檢姦。常以春行所主縣，勸民農桑，振救乏絕。秋冬遣無害吏案訊
諸囚，平其罪法，論課殿最。歲盡遣吏上計，…。」頁3621。

54　《漢書·貢禹傳》，頁3077。

55　《漢書·京房傳》：「永光建昭間，…數召見問。房對曰：『古帝王以
功舉賢，則萬化成；…末世以毀譽取人，故功業廢…。宜令百官各試
其功。…』詔使房作其事。房奏考功課吏法。上令公卿朝臣與房會議
溫室，皆以房言煩碎，令上下相司，不可許。上意鄉之。…今房上弟
子曉知功課吏事者，欲試用之。房上中郎任良、姚平，『願以為刺史，
試考功法，臣得通籍殿中，為奏事，以防雍塞。…』石顯、五鹿充宗
皆疾房，欲遠之。建言，…以房為魏郡太守，秩八百石居，居得以考
功法治郡。房自請，願無屬刺史，得除用它郡人，自第吏千石已下，
歲竟，乘傳奏事。天子許焉。」頁3160-3163。

56　《後漢書·安帝紀》：「方今案比之時，郡縣多不奉行，雖有糜粥，糠
秕相半，長吏怠事，莫有躬親，甚違詔書養老之意。」頁227。

邑。」[57]只是一味「愛其嬖媚之美，不量其材而授之官。」[58]形成「案比」、「上計」不實現象。

結果造成收賄營私等崇尚財利的貪吏，《樂府詩集》有〈牢石歌〉：

> 牢邪，石邪，五鹿客邪？印何纍纍，綬若若邪？[59]

這是一首元帝時的民謠，牢是牢梁，石是石顯，五鹿是五鹿充宗，「印何纍纍，綬若若耶？」即是諷刺諂媚賄賂者多得高官。在此背景下，富者以其財勢賄賂而得官職者，自然不在少數。官吏變相的聚斂財富，生活也奢華無度。成帝時曾下詔書：

> 公卿列侯親屬近臣，四方所則，未聞修身遵禮，同心憂國者也。或乃奢侈逸豫，務廣地宅，治園池，多畜奴婢，被服綺縠，設鐘鼓，備女樂，車服嫁娶葬埋過制。吏民慕效，寖以成俗，而欲望百姓儉節，家給人足，豈不難哉！[60]

此詔書責備當時公卿列侯、近親臣屬，重財利的奢侈生活的不當。史書記載成帝時外戚王氏五兄弟「爭為奢侈，賂遺珍寶，四面而至，後庭姬妾，各數十人，僮奴以千百數，羅鐘磬，舞鄭女，作倡優，狗馬馳逐，大治第室，起土山漸臺，洞門高廊閣道，連屬彌望。百姓歌之曰：『五侯

---

57 《潛夫論·考績》，同注 48，頁 68。
58 《潛夫論·思賢》，同注 48，頁 85。
59 (宋)郭茂倩編，《樂府詩集》第八十四卷〈雜歌謠辭二·牢石歌〉，同注 47，頁 962。
60 《漢書·成帝紀》，頁 324-325。

初起，曲陽最怒，壞決高都，連竟外杜，土山漸臺西白虎』
其奢僭如此。」[61]又如史丹「僮奴以百數，後房妻妾數十人，
內奢淫，好飲酒，極滋味聲色之樂。」[62]哀帝寵愛董賢，生
活豪奢。「賢治大第，開門鄉北闕，引王渠灌園池，使者護
作，賞賜吏卒，甚於治宗廟。賢母病，長安廚給祠具，道
中過者皆飲食。為賢治器，器成，奏御乃行，或物好，特
賜其工，自貢獻宗廟三宮，猶不至此。賢家有賓婚及見親，
諸官並共，賜及倉頭奴婢，人十萬錢。」[63]百官臣僚這種「侈
靡者以為榮，儉節者以為陋」[64]的風氣，助長社會追逐財力
的風尚。

第三節　形成貧富對立的現象

　　總上所述，漢代奢靡風氣的問題根源：「犯法得贖」可
說是君主權力的擴大與濫用，「求士不得真賢」是上位者察
舉不實結黨營私，「相守崇尚財利」是官吏競逐利祿的反
映，三者環環相扣，顯然上位者追逐利益的負面影響相當
廣泛。漢代奢靡風氣的氾濫可以說是上行下效的連鎖反

61　《漢書・元后傳》，頁 4023-4024。

62　《漢書・史丹傳》，頁 3379。

63　《漢書・王嘉傳》，頁 3496。

64　《呂氏春秋・孟冬紀第十・節喪》，許維遹，《呂氏春秋集釋》(北京：
　　中華書局，2009 年出版)，頁 221。

應，助長了社會功利價值觀，同時更激化了社會階級貧富之間的矛盾，漢代社會問題中嚴重的土地兼併和畜奴現象即反映了貧富的對立。貢禹說：

> 古者不以金錢為幣，專意於農。…自五銖錢起已來七十餘年，民坐盜鑄錢被刑者眾，富人積錢滿室，猶無厭足。…商賈求利，東西南北，各用智巧，好衣美食，歲有十二之利，而不出租稅。農夫父子暴露中野，不避寒暑，捽草杷土，手足胼胝，已奉穀租，又出槁稅，鄉部私求，不可勝供。故民棄本逐末，耕者不能半，貧民雖賜之田，猶賤賣以賈，窮則起為盜賊。何者？末利深而惑於錢也。[65]

為什麼「貧民雖賜之田，猶賤賣以賈」呢？貢禹認為其中原因在經濟發展以貨幣作為交換媒介，人民需要貨幣購買生活必需品，而農民生產者為米穀並非貨幣。農民欲取得貨幣，將米穀賣給商人，商人則乘農人窮急，賤價以購米穀。[66]若此，農人於貨物最低廉時賣了貨物，於貨物價格最昂貴時買了日常必需品。所以農民日益貧困，最後竟無法清償債務，而需「賣田宅，鬻子孫，以償責者矣。」農民喪失了土地或賣身為奴，商人則擁有了經濟力量，並佔有廣大土地和畜養奴婢，漸漸形成貧富懸殊及財富的集中的社會問題。

65　《漢書・貢禹傳》，頁 3075。

66　薩孟武，《中國社會政治史》(台北：三民書局，1975 年出版)，頁 208 至 209。

　　就土地兼并而言：漢代土地兼并者多為豪強富賈或貴族權倖，富者擁有土地，並以土地放租給農民，再以放租所得之財富，獨佔收購土地。是以富者田連阡陌，而貧者無立錐之地，甚至形成流民。例如武帝時，「關東流民二百萬口」[67]，農民無田可耕的人數眾多。顯然土地兼并已對國家形成負面影響。國君及大臣多曾思索改善方法。[68]但因涉及統治階層的既得利益，禁止土地兼併的政策並無成效，貧富兩極對立的形勢，也無法緩減。

　　就奴隸問題而言：由於漢代土地多為商賈權貴所掌握，人民貧困者或為流民或「賣田地，鬻子孫」而為奴。奴隸多為富豪從事勞動，或為農田耕作，或為畜牧生產，或為手工業的製造等。當然也有部份奴婢是供富人娛樂而不從事生產的。例如《漢書》記載：

> 又諸官奴婢十萬餘人戲游亡事，稅良民以給之，歲費五六鉅萬。[69]
>
> 昭信與去從十餘奴博飲游敖。[70]

67　《漢書·石奮傳》，頁 2197。
68　(一)高祖、武帝、宣帝及元帝，多曾實行徙富豪於京師的政策，以緩和土地的兼併。《漢書·高帝紀下》，頁 66。〈武帝紀〉，頁 170。〈宣帝紀〉，頁 239。
　　(二)武帝時，董仲舒有限民名田的建議。《漢書·食貨志上》，頁 1137。
　　(三)武帝有禁商賈名田及告緡令的推行。《史記·平準書》，頁 531。
　　(四)成哀之際，師丹與丞相孔光及大司空何武等合擬，訂立限田制。《漢書·食貨志上》，頁 1143。
　　(五)王莽時有發布王田令，土地收歸國有。《漢書·王莽傳》，頁 4111。
69　《漢書·貢禹傳》，頁 3076。
70　《漢書·景十三王傳·廣川惠王》，頁 2431。

> 公卿列侯…多畜奴婢，被服綺縠，設鐘鼓，備女
> 樂，……。[71]

這些供人娛樂的奴婢不從事生產，且消耗大量社會財富。至於從事生產的奴隸付出勞力但所得有限，又其生產所得往往厚值富賈貴族財富，形成富者愈富、貧者愈貧現象。人民在賣妻鬻子，流離失所的情況下，眼見貴族過著窮奢極欲的生活，必然強烈反彈。所以至東漢靈帝甚至有黃巾賊的變亂。這是土地兼併、奴隸日增貧富對立的結果。

總上所言，貧富對立是上行下效而形成社會過度崇尚功利，富者日益剝削貧者的不合理現象。貢禹上書漢元帝宜自我儉約，歸結風俗敗壞與上位者「犯法得贖，求士不得真賢，相守崇財利」的濫用職權謀取財利有密切關係，看法較《鹽鐵論》《說苑》等文中所反應的朝廷奢侈現象更為具體，也可得知漢代君主集權引起的社會問題可說是相當嚴峻。

71　《漢書・成帝紀》，頁 324-325。

參 考 書 目

一、專　書

(一)先秦法家著作注釋及相關研究論著

陳奇猷，《韓非子集釋》(台北：漢京文化事業有限公司，1983 年出版)

嚴萬里，《商君書新校正本》(台北：台灣商務印書館，1939年出版)

(清)錢熙祚校，《慎子》(台北：世界書局，1975 年出版)

簡　書，《商君書箋正》(台北：廣文書局，1975 年出版)

馬宗申，《商君書論農政四篇注釋》(北京：農業出版社，1985 年出版)

朱師轍，《商君書解詁定本》(台北：鼎文書局，1979 年出版)

蔣禮鴻，《商君書錐指》(北京：中華書局，1986 年出版)

賀凌虛，《商君書今註今譯》(台北：商務印書館，1988 年出版)

王邦雄，《韓非子的哲學》(台北：東大圖書公司，1983 年出版)

王曉波，《韓非思想的歷史研究》(台北：聯經出版社，1984
　　年出版)

王曉波，《先秦法家思想史論》(台北：聯經出版社，1991
　　年出版)

沈家本，《歷代刑法考》(上海：上海古籍出版社，2002 年
　　出版)

姚蒸民，《法家哲學》(台北：東大圖書公司，1986 年出版)

梁啟超，《先秦政治思想史》(台北：東大圖書公司，1987
　　年出版)

程樹德，《九朝律考》(台北：商務印書館，2011 年出版)

趙海金，《韓非子研究》(台北：正中書局，1982 年出版)

陳奇猷、張覺，《韓非子導讀》，(成都：巴蜀書社，1990
　　年出版)

鄭良樹，《商鞅及其學派》(台北：學生書局，1987 年出版)

(二)古代典籍

1.經　部

(漢)毛公傳，鄭玄箋，(唐)孔穎達正義，《毛詩正義》，十三
　　經注疏本，第二冊(台北：藝文印書館，1985 年

(漢)鄭玄注，(唐)賈公彥疏，《周禮注疏》，十三經注疏本，
　　第三冊(台北：藝文印書館，1985 年)

(漢)鄭玄注，(唐)孔穎達正義，《禮記正義》，十三經注疏本，
　　第五冊(台北：藝文印書館，1985 年)

(晉)杜預注，(唐)孔穎達正義，《春秋左傳正義》，十三經注

疏本，第六冊(台北：藝文印書館，1985 年)

(魏)何晏注，(宋)邢昺疏，《論語注疏》，十三經注疏本，第
　　八冊(台北：藝文印書館，1985 年)

(漢)趙岐注，(宋)孫奭疏，《孟子注疏》，十三經注疏本，第
　　八冊(台北：藝文印書館，1985 年)

(漢)董仲舒著，蘇輿義證，《春秋繁露義證》（北京：中華
　　書局，1992 年）

(東漢)班固撰，(清)陳立疏證，《白虎通疏證》(北京：中華
　　書局，1994 年出版)

(清)趙在翰輯、鍾肇鵬、蕭文郁點校《七緯》(北京：中華
　　書局，2012 年出版)

(東漢)劉熙撰、(清)畢沅疏證、王先謙補《釋名疏證補》(北
　　京：中華書局，2008 年出版)

(明)楊　慎，《金石古文》卷四，王雲五主編，《叢書集成》

2. 史　部

(漢)司馬遷撰，瀧川龜太郎考證，《史記會注考證》(台北：
　　漢京文化事業有限公司，1984 年出版)

(漢)劉向編，溫洪隆注釋、陳滿銘校閱，《新譯戰國策》(台
　　北：三民書局，2004 年出版)

(東漢)班固著，楊家駱主編，《新校本漢書》(台北：鼎文書
　　局，1986 年出版)

(東漢)班固等編修，《東觀漢紀》(台北：商務印書館，1965
　　年出版)

(東漢)衛宏著，《漢官舊儀》(上海：上海商務印書館，1936
　　年出版)

(唐)房玄齡等著，楊家駱主編，《新校本晉書》(台北：鼎文書局，1980 年出版)

(唐)魏徵等著，楊家駱主編，《新校本隋書》(台北：鼎文書局，1987 年出版)

(唐)魏徵等編撰、呂效祖點校，《群書治要》(廈門：鷺江出版社，2004 年出版)

(唐)長孫無忌等編，《唐律疏議》(台北：商務印書館，1968 年出版)

(宋)徐天麟著，《東漢會要》(台北：商務印書館，1968 年出版)

(宋)司馬光著、(宋)胡三省注，《資治通鑑》(台北：逸群出版社，1980 年出版)

(宋)蘇　轍，《古史》(台北：商務印書館，1983 年出版)

(元)馬端臨著，《文獻通考》(北京：中華書局，2011 年出版)

(明)王夫之，《讀通鑑論》(台北：里仁書局，1985 年出版)

(清)紀　昀，《四庫全書總目提要》(台北：商務印書館，1968 年出版)

(清)梁玉繩著，《史記志疑》(上海：上海商務印書館，1936 年出版)

(清)孫星衍、莊逵吉校定，《古本三輔黃圖》(台北：世界書局，1984 年出版)

(清)孫楷著、徐復訂補，《秦會要訂補》(北京：中華書局，1959 年出版)

(清)趙翼撰、曹光甫校點，《陔餘叢考》(上海：上海古籍出版社，2011 年出版)

3.子 部

(秦)呂不韋等編，許維遹，《呂氏春秋集釋》(北京：中華書局，2009 年出版)

(漢)賈誼著，閻振益、鍾夏校注，《新書校注》(北京：中華書局，2000 年出版)

(漢)劉向撰、左松超集證，《說苑集證》(台北：國立編譯館，2001 年出版)

(漢)桓寬著，王利器校注，《鹽鐵論校注》(北京：中華書局，1992 年出版)

(東漢)王充撰、黃暉校釋，《論衡校釋》(北京：中華書局，1990 年)

(東漢)王符撰，(清)汪繼培箋，《潛夫論箋校正》(北京：中華書局，1985 年出版)

(東漢)仲長統撰、孫啟治校注，《昌言校注》(北京：中華書局，2012 年出版)

(宋)李昉編，《太平御覽》(台北：新興書局，1959 年出版)

(宋)黃士毅編，徐時儀、楊艷彙校，《朱子語類彙校》(上海，上海古籍出版社，2014 年出版)

(南宋)洪邁，《容齋隨筆》(台北：大立出版社，1981 年出版)

(清)王先謙，《荀子集解》(北京：中華書局，1988 年出版)

(清)王國維，《觀堂集林》(台北：河洛圖書公司，1975 年出版)

(清)皮錫瑞，《經學歷史》(台北：鳴宇出版社，1980 年出版)

(清)俞　樾，《諸子平議》(台北：台灣商務印書館，1968 年出版)

(清)孫詒讓，《墨子閒詁》(北京：中華書局，2001 年出版)

(清)章太炎著、徐復注，《訄書詳注》(上海：上海古籍出版社，2000 年出版)

(清)陳　澧，《東塾讀書記》(台北：商務印書館，1975 年出版)

(清)顧炎武，《日知錄》(台北：商務印書館，1978 年出版)

4.集 部

(宋)郭茂倩編，《樂府詩集》(台北：商務印書館，1968 年出版)

(宋)蘇　軾，《蘇軾文集》(湖南：岳麓書社，2000 年出版)

(明)宋　濂，《宋濂全集》(浙江：古籍出版社，1999 年出版)

(清)方苞著、劉季高校點，《方苞集》(上海：上海古籍出版社，2009 年)

(清)姚　鼐，《惜抱軒詩文集》(上海：上海古籍出版社，1992 年出版)

(清)嚴可均校輯，《全後漢文》(北京：中華書局，1985 年出版)

(三) 現代著作 (以姓名爲序)

朱自清，《朱自清全集》(台南：新世紀出版社，1974 年出版)

牟宗三，《中國哲學十九講》(台北：學生書局，1983 年出版)

牟宗三，《中國文化的省察》(台北：聯經出版社，1983 年出版)

李劍農，《先秦兩漢經濟史稿》(台北：華世出版社，1981 年出版)

李澤厚，《中國現代思想史論》(台北：風雲時代出版公司，1990 年出版)

余英時，《中國思想傳統的現代詮釋》(台北：聯經出版社，1987 年出版)

余英時，《歷史與思想》(台北：聯經出版社，1976 年出版)

林安弘，《儒家禮樂的道德思想》(台北：文津出版社，1988 年出版)

施茂林、劉清景主編，《最新實用六法全書》(台北：大偉書局，1986 年出版)

俞啟定，《先秦兩漢儒家教育》(山東：齊魯書社，1987 年出版)

唐君毅，《中國哲學原論・原道篇》(台北：學生書局，1978 年出版)

唐慶增，《中國經濟思想史》(台北：商務印書館，1936 年出版)

夏曾佑，《中國古代史》(台北：商務印書館，1963 年出版)

徐復觀，《兩漢思想史》 (台北：學生書局，1985 年出版)

徐復觀，《學術與政治之間》(台北：學生書局，1985 年出版)

徐復觀，《中國人性論史》(台北：台灣商務印書館，1988 年出版)

徐復觀，《中國經學史的基礎》(台北：學生出版社，1983 年出版)

俞啟定，《先秦兩漢儒家教育》(山東：齊魯書社，1987 年出版)

章太炎，《檢論》(台北：廣文書局，1970 年出版)

許倬雲，《求古篇》(台北：聯經出版社，1989 年出版)

梁啟超，《先秦政治思想史》(台北：東大圖書公司，1987

年出版)

梁啟超，《要籍解題及其讀法》，《飲冰室合集》第九冊(台
　　北：中華書局，1996 年出版)

梁漱溟，《東西文化及其哲學》(台北：里仁出版社，1983
　　年出版)

梁漱溟，《人心與人生》(台北：谷風出版社，1987 年出版)

梁漱溟，《中國文化要義》(台北：里仁書局，1982 年出版)

梁漱溟，《朝話》(台北：文景出版社，1972 年出版)

馮友蘭，《中國哲學史新編》(台北：藍燈文化事業公司，
　　1991 年出版)

張顯成主編，《秦簡逐字索引》(成都：四川大學出版社，
　　2010 年出版)

楊志鈞、華友根、錢杭，《西漢經學與政治》(上海：古籍
　　出版社，1994 年出版)

楊伯峻，《春秋左傳注》(台北：源流出版社，1982 年出版)

楊　寬，《戰國史》(台北：台灣商務印書館，1997 年增訂
　　版)

楊樹藩，《中國歷代思想家》(台北：台灣商務印書館，1978
　　年出版)，第二冊

費孝通，《鄉土中國》，作者自印本

裴普賢編著，《詩經評註讀本》(台北：三民書局，1986 年
　　出版)

熊十力，《原儒》(台北：明倫書局，1971 年出版)

魯　迅，《漢文學史綱要》，《魯迅全集》第九冊(北京：人
　　民文學出版社，1991 年出版)

賴明德，《司馬遷之學術思想》(台北：洪氏出版社，1983
　　年出版)

蒲慕州，《墓葬與生死》(台北：聯經出版社，1993 年出版)

錢　穆，《莊子纂箋》(台北：東大圖書公司，1993 年出版)

錢　穆，《先秦諸子繫年考辨》(台北：東大圖書公司，1990

年出版)

錢　穆,《秦漢史》(台北:東大圖書公司,1987 年出版)

陳啟天,《商鞅評傳》(台北:商務印書館,1986 年出版)

陳鼓應,《黃帝四經今註今譯》(台北:台灣商務印書館,1995 年出版)

陳麗桂,《戰國時期的黃老思想》(台北:聯經出版社,1991 年出版)

劉文起,《王符潛夫論所反映之東漢形勢》(台北:文史哲出版社,1995 年出版)

劉申叔,《國學發微》(台北:國民出版社,1959 年出版)

劉師培,《儒學法學分歧論》,收入《劉申叔先生遺書》(台北:華世出版社,1975 年出版)。

戴君仁,《梅園論學集》(台北:中華書局,1970 年出版)

蕭公權,《跡園文存》(台北:環宇出版社,1970 年出版)

蕭公權,《中國政治思想史》上冊(台北:聯經出版社,1990 年出版)

羅彤華,《漢代的流民問題》(台北:學生書局,1989 年出版)

嚴靈峰,《老子達解》(台北:華正書局,1983 年出版)

薩孟武,《中國社會政治史》(台北:三民書局,1975 年出版)

顧　實,《莊子天下篇講疏》,(台北:台灣商務印書館,1976 年出版)

二、期刊論文（以姓名為序）

王曉波,〈漢初的黃老之治與法家思想〉,《食貨月刊》第十一卷第十期。

王靜芝，〈韓非法學中的君德論〉，《東吳法律學報》第二卷
　　第一期。

宋敘五，〈兩漢土地兼併考證〉，《土地改革》第十五卷第七
　　期。

杜正勝，〈從爵制論商鞅變法所形成的社會〉，收錄《中研
　　院歷史語言研究所集刊》第五十六本第三分。

呂思勉，〈毛詩傳授之誣〉，《光華大學半月刊》第二卷第六
　　期。

林聰舜，〈漢初黃老思想中的法家傾向〉，《漢學研究》第八
　　卷第二期。

周道濟，〈兩漢尚書職位及其對相權之影響〉，《幼獅學報》
　　第二卷第二期。

施之勉，〈河西四郡建置考〉，《大陸雜誌》第三卷五期。

高　敏，〈論漢代抑商政策的實質〉，《蘭州大學學報》1963
　　年第三期。

唐　蘭，《黃帝四經初探》，《文物》1973 年第十期。

馬懷良，〈兩漢宦官考〉，《中國史研究》1987 年。

黃開國，〈論漢代讖緯神學〉，收入林慶彰編，《中國經學史
　　論文選集》(台北：文史哲出版社，1992 年出版)，
　　上冊。

張永雋，〈白虎通德論之思想體系及其倫理價值觀〉，《漢代
　　文學與思想學術研討會論文集》(台北：文史哲出版
　　社，1991 年出版)。

賀凌虛，〈商君書及其基本思想析論〉，收錄於《商君書今
　　註今譯》(台北：商務印書館，1988 年出版)。

雲夢秦墓竹簡整理小組，〈睡虎地雲夢秦簡釋文〉，《文物》
　　1976 年第六、七、八期。

楊聯陞，〈東漢的豪族〉，《清華學報》第十一卷第四期。

廖曉晴，〈兩漢任子問題之探討〉，《遼寧大學學報》1983
　　年第五期。

管東貴，〈漢代的屯田與開邊〉，《中央研究院歷史語言研究

所集刊》四十五卷第一期。

管東貴，〈漢代的邊疆問題〉，《史學通訊》1969 年 5 月第四期。

陳麗桂，〈申、慎、韓的黃老思想—兼論田駢〉，《中國學術年刊》第十二期。

龍　晦，《馬王堆出土老子乙卷前古佚書探源》，《考古學報》1975 年第二期。

薩孟武，〈西漢監察制度與韓非思想〉，《社會科學論叢》第五輯。